朝日新書
Asahi Shinsho 778

教養としての投資入門

Introduction to First Principles Investing

ミアン・サミ

朝日新聞出版

はじめに——投資の教養が生きるために必要な「大局観」を生み出す

本書は、これまであれこれと投資の知識を取り入れ、実際に投資に挑戦してもうまくいかなかった方の投資に関する考え方を一新することでしょう。あるいは、投資をすることに躊躇していた方が抱えている不安や迷いを一気に吹きとばすほどの衝撃を与えると思います。

本書を手に取られたあなたは、投資について大なり小なり興味関心があることでしょう。もしかしたら、すでに何らかの投資の経験がある方かもしれません。あるいは、興味はあるけれど、まだ投資を始めていない方かもしれません。

世の中には、投資に関する情報があふれています。しかし、それらの情報は、有益、無益、有害、無害が入り乱れた混沌状態です。あれこれと本を読んだり、ネットから情報を得たりすることで、それらの情報が蓄積され、投資について理解したかのような気分にもなることでしょう。

しかし、投資の情報をいくら積み上げたとしても、単に個々の断片的な知識を得ているだけで、残念ながら投資を理解することには至らないと私は考えています。

そのため、新たな投資の本や情報が出るたびに、多くの人がその情報に影響を受け、右往左往し、翻弄され、時に大きな損失を被っています。特に、新型コロナウイルスのような100年に一度、1000年に一度の大ピンチのときには、再起不能なほどの痛手を負う人も出てきます。

こんなときに必要なのは、個々の投資の情報や知識ではなく、教養として投資を理解することです。

それはすなわち、「投資の原理原則」を知り、経済全体を俯瞰してみる目を持つことです。

教養として投資を身につけることができれば、人生を豊かに導くための「大局観」が養われます。

その大局観は、いつ何時起こるかもしれない経済危機のような大ピンチを一生に一度のチャンスに変えてくれる最強のツールとして絶大な力を発揮します。

現代は先の見えない不透明な時代です。

テクノロジーの発達によるオートメーション化、所得格差の広がり、度重なる歴史的な災害、さらに世界的なウイルスの感染拡大など、激動と混乱の時代を私たちは生きています。

しかし、少し見方を変えてみると、実は人類史上例を見ないほどに、自分の人生の舵を取ることができる、とても幸運な時を生きているとも言えるのです。

ここ数十年のテクノロジーの著しい発達によって、あらゆるモノやサービスが「コモディティー化」しています。コモディティー化とは、すべての人にとって、当たり前のような存在になることです。

例えば、インターネットがコモディティー化することによって、一個人が世界中のあらゆる人と繋がり、自分の好きなことや得意なことを世の中に自由に発信できるようになりました。

ここ数年で投資環境も激変しています。

これまでは投資というと、ある程度まとまったお金を持つ人や、金融の専門的な知識のある人だけができるものでしたが、テクノロジーの発達によって、今日《こんにち》では世界中のあらゆる金融商品を低コスト&低リスクで、簡単に購入できる時代になりました。つまり、投資できる環境がコモディティー化したのです。

投資の環境がコモディティー化することによって、資産を自動的に増やしながら、あまった時間を得意なことや好きなことに活かせる素晴らしい時代になりました。

生活に必要なお金の心配をせずに、社会が必要としていて、かつ自分が好きで得意なことを発信し、その対価を得て生きていける——あなたが思い描く「理想のライフスタイル」を手に入れることが比較的容易にできる絶好のチャンスが到来しました。

ただ、「理想のライフスタイル」を手に入れるためには、ちょっとした知識が必要になります。それが、本書でお話しする投資の原理原則という生涯にわたって役立つ教養です。

本書では、投資の原理原則を「βαλ《バル》の法則」と呼びます。

混沌と存在する投資の情報や知識を整理整頓し、できるだけコンパクトにまとめたのがこの法則です。

一見難しいように思える投資ですが、実は、β、α、λという三つの要素の足し算で表現できます。


β《ベータ》＝「自動投資」とは、リスクが低く、気軽に資産を増やすことができるため、すべての人が取り組むべき投資です。

α《アルファ》＝「楽しむ投資」は、勝てる確率は低くなりますが、長期的に行うことで、勝率を上げることができるボーナス的な面白さのある投資です。ボーナスどころか、あなたの人生を180度ひっくり返すほどの威力のある投資でもあります。

λ《ラムダ》＝「教養投資」は、あなたの生涯収入を劇的にアップしてくれる可能性がある優れた投資であり、「理想のライフスタイル」を手に入れるために最も効率のいい方法です。教養投資は、自分がレベルアップしていくようなゲーム感覚の楽しさがあります。


これをすべて合わせたものが、「投資」から得られるリターンであり、あなたの生涯収入です。投資の原理原則である、「βαλの法則」を理解し、実践することで、大局観を持って生きていくことができます。

本書には、今日からすぐにでも始められて、再現性のある方法をたっぷりと盛り込みました。

ぜひできるところから実践していただき、あなたが思い描く豊かな人生を歩んでほしいと願います。

お金の科学者　ミアン・サミ

本書の使い方

本書は、大きく左記の四つに分けて書かれています。読者の皆さんの興味のある個所から読み進めていっていただければと思います。

①「投資」とはいったいどんなものかを知りたい方は第1章へ

そもそも投資とはどのような性質のものであるかをしっかりと理解するための章です。投資の原理原則は、生涯収入をアップさせて理想のライフスタイルを実現するためには必須の知識です。

②「自動投資(β《ベータ》)」で安心と自由を確保したい方は第2、3章へ

老後の生活資金の不安をなくしたい方や、損をせずほぼ確実に資産を増やすための基礎知識と具体的な実践方法です。特に、まだiDeCo《イデコ》やNISA《ニーサ》を最大限活かしきれていないと思われる方には必須のノウハウです。

③「楽しむ投資（α《アルファ》）」の入門、実践について知りたい方は第4、5、6章へ

すでに自動的な長期分散型投資を行っていて、さらに学ぶことが好きな人へ、爆発的に人生の経済状況を変えるための術を書いています。

④「教養投資（λ《ラムダ》）」で理想のライフスタイルを実現したい方は第7、8章へ

「教養投資」はリスクがない上に、無限のリターンが期待できる優れた投資方法です。理想のライフスタイルを実現するために必須であり、すべての方に読んでいただきたい内容です。

・本書は情報提供を目的としたものであり、特定の商品への投資の勧誘や売買の推奨を目的としたものではありません。投資の判断は自己責任で行ってください。
・本書の法令等の情報は、2020年7月時点のものであり今後変更される可能性があります。
・本書で示す各種データについては、過去の事例を紹介するものであり未来の利益を保証するものではありません。
・本書を利用したことによるいかなる損害等についても、著者および出版社はその責任を負いかねますので、ご了承ください。

教養としての投資入門　目次

第3章　「自動投資(β)」システムを作る　87

第4章　学ぶ人だけにチャンスがやってくる「楽しむ投資(α)」　127

第5章 「楽しむ投資(α)」のウォーミングアップ 169

第6章 「楽しむ投資(α)」の勝率を70%に引き上げる 197

第7章 生涯賃金がアップする「教養投資(λ)」 221

第8章 「教養投資(λ)」を加速させるためのヒント 249

第1章
投資があなたの人生を豊かにする

投資とは未来予測である

本書の冒頭で、投資環境がかつてないほどに整っている絶好のチャンスとお話ししましたが、では、そもそも「投資」とは一体どんなものなのでしょうか？

あなたは、投資にどんなイメージを持ち、またどんな投資を実際に行っているでしょうか？

投資という言葉に、「怖い」「損しそう」「ギャンブルっぽい」「怪しい」「難しそう」などの、ネガティブなイメージを持っているかもしれません。そのようなイメージを持たれる方の中には、「株やＦＸで大損した」「１０００万円つぎ込んだ事業が失敗した」といった苦い経験をお持ちの方もいるかもしれません。あるいは、「金融商品は何を買ったらいいかわからない」「投資などせず銀行預金が安心」といった漠然としたマイナスイメージを持っている方もいるでしょう。

反対に、投資とは、「何倍にもなって返ってくるもの」「教育には投資を惜しまない」「自己投資をして成長したい」など、ポジティブなイメージを持っている人もいるかもしれません。

実は、投資とは、本来は怪しいものでも危ないものでもなく、単なる「未来予測」です。あなたが今持っている「お金」と「時間」を、未来にもらえるかもしれない「価値」と交換する行為。すなわち、今持っているお金と時間が、「未来により多くの価値になる」と予測をするのであれば投資しますし、反対に「今持っているお金と時間のほうが、未来に得られる価値より多い」と予測するのであれば投資はしません。

投資とは「今」と「未来」を交換することなのです。

今欲しいものを買わずに、未来の安心のためにそのお金を貯蓄したり金融投資をしたりする。

家でリラックスできる時間を使って、未来の健康のためにジムに行って運動をする。

友人や同僚と飲みに行く代わりに、未来の成長のためにセミナーやオンライン講座を受ける。

自分がやりたいことや欲しいものは我慢して、子供の教育に投資する。

これらすべてはよりよい未来のために、「今」を投資していることを意味します。

次に示すように、投資は「インプット」と「アウトプット」を使ったとてもシンプルな図で説明することができます（図表1－1）。

1-1　投資とは？

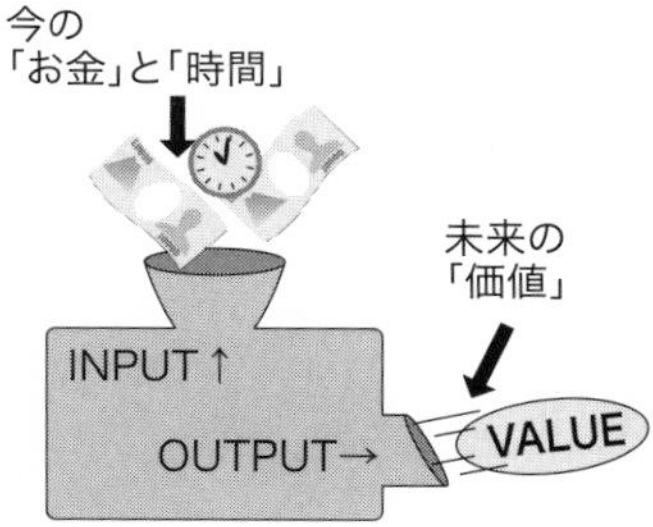

投資においてのインプットは、今持っているお金と時間です。例えば、あなたはこの書籍に今持っているお金と時間を使っていますが、どのような未来の価値を得るためにこの投資をしたのでしょうか？

ただ投資の基礎知識を身につけたい人もいるでしょうし、お金を増やして今の生活をもっと豊かにしたい人、老後の心配を減らしたい人もいるでしょう。

あるいは、投資を始めないといけないとはわかっているけれど、どこからスタートしていいのかわからず、そのヒントを得たいがために本書を手にされた方もいるでしょう。

理由は何であれ、自分の今のお金と時間をこの書籍を読むことに投資したのは、未来に何らかの価値を手にすることを期待しているからだと思います。それは、投資行動をしているにほかなりません。

このように、自分のお金と時間をどこに使うかを選択し使うのですから、私たちの生活の行動のすべてが投資そのものだとも言えます。

測れるものは改善できる

なぜ私たちは投資行動をするのかというと、人間は、「より豊かに生きたい、より理想の人生を手に入れたい」という欲求を持っているからです。

私たちが、理想とする豊かな人生を送るためにやるべきことはとても単純です。

自分の投資したお金と時間と比べて、よりたくさんの価値を得ることができればいいわけです。

1000円を投資したなら、それ以上の価値が得られる。

1時間投資をしたなら、5000円の「給料」という価値がもらえる。

セミナーに3日間投資をしたなら、不労収入月5万円の価値が手に入る。

自分が投資をしたお金と時間以上の価値を得ることができれば、その投資は成功です。

自分が投資をしたお金と時間以下の価値しか得られなければ、その投資は失敗です。

人生を豊かにするためには、投資で成功する確率を上げていく必要があります。

確率を上げるためには、無意識になんとなく投資をするよりも、同じ時間やお金を使って、より多いアウトプットが得られるものを意識的に選択していく必要があるのです。

投資で成功したかどうかを測るのに最も明確な指標が「生涯収入」です。生涯収入とは、あなたが一生涯で得ることができる価値の合計です。生涯収入は数字で表現することができるので、投資の成功の是非を明確に測ることができます。

現代経営学の発明者でもあるピーター・ドラッカーは「測れるものは改善できる」という有名な言葉を残しています。つまり、測れるものは管理、検証、改善ができて、測れないものはそれができません。

例えばあなたの体重、残業時間、借金残高、経営状況を改善するためには、それらを測ることができなければ改善したかどうかがわかりません。

投資においても全く同じことが言えます。自分の投資をしたインプット（お金と時間）を測って、それから得られたアウトプット（価値）を測ることで、その投資が成功したか、失敗したかを知ることができます。

お金は「価値」を入れ込む器

それでは、未来に得られる価値とは具体的にどんなものでしょうか？

その一つがお金です。投資をする上で大切なポイントとして理解していただきたいのが、価値の理解です。紙のお金そのものには価値はなく、価値を入れ込む「器」だという点です。たくさんの人のために、たくさんの問題を解決したら、たくさんの価値がもらえます。

その価値を、お金という器に入れて渡したりもらったりしています。

例えば飲食店の店員は、自分の時間を使って調理をしたり接客の仕事をしたりします。その人の時間を使って店が抱える問題を解決し、その対価、つまり報酬としてお給料というお金をもらっています。

あるいは飲食店を経営している人であれば、食を提供することで、食事を必要とする人々の問題を解決し、その報酬としてお代というお金をもらっています。飲食店に食材を運ぶ会社は、食材を必要とする多くの店にそれを届けることで、店側の問題を解決し、その報酬としてお金をもらっています。

このように、お金は人から人へ、価値を移転させるのにとても優れた特徴があり、価値を記録、管理する役割を担っています（図表1－2）。

紙のお金のように、価値を入れ込む器は「資産」と呼ばれます。資産には、現金以外に

1-2　お金と時間の投資の流れ

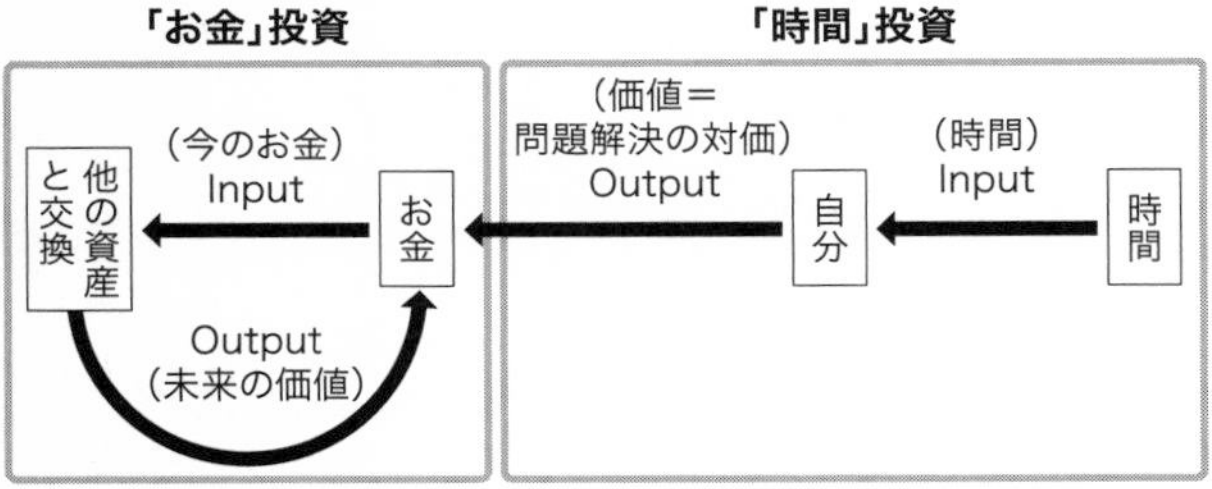

も、預金、あるいは、株式、債券などがあります。これらは金融資産と呼ばれます。

私たちは、持っているお金の中の価値をしっかり温存するか増やすために、このようなさまざまな資産と交換することができます。

例えば、お金という資産を定期預金という資産と交換すれば、今のお金と引き換えに未来に元本＋利息が返ってくるかもしれません。お金という資産を株や債券という資産と交換をした場合は未来にその資産から得られる元本、配当や利子が得られるかもしれません。

つまり、今のお金がインプット、未来にもらえるかもしれない配当や利子などの価値がアウトプットです。

投資を行う場合に、最も重要なポイントは、インプットとアウトプットの価値の量を意識することです。

インプット∨アウトプットの場合は、その投資は失敗したことを意味します。反対に、インプット＜アウトプットになれば、投資は成功したということになります。

投資を成功させるためには、何に時間とお金を投資するかを常に考えることが必要です。

投資は自分を映す鏡

投資というと、お金を投資することだけをイメージしがちですが、お金の源泉は「時間」です。時間を投資し人の問題を解決して、得たお金をモノ、サービスや資産に投資していく。この循環で経済は成り立っています。

もしあなたが今よりも豊かな人生を歩みたいと願うならば、限られたお金と時間の投資先を決める必要があります。

約15年前、20代半ばだった私は金銭的には絶好調でした。億単位の収入を稼ぎ、高級車に乗って、一等地の高級マンションに住み、いつも高いブランド服を身にまとって、外食は高級レストランしか利用しないという具合でした。

あなたは、当時の私のこんなお金と時間の使い方、つまり投資先を見て、どんな人間を思い描くでしょうか？

当時の私に対して、実の姉からきつい一言を言われたことを覚えています。

「他の人にどう見られるかを重視し、自分の快楽や見栄だけに多くのお金と時間を費やし、現状の自分に満足しきった、うぬぼれた傲慢な人間だ」と言われたのです。

それを真顔で言われたとき、正直かなり傷つきましたが、反論もできないほどに的を射た描写でした。

自分が選択していた投資先が、そのときの自分の姿を映す鏡だったのです。

天狗状態だった当時、たまたま友人に誘われてなんとなく行ったセミナーで私の意識は一変します。情熱的に語る講師。そして、彼の話から勇気や活力をもらい変わっていく人たち。その様子を見て、自分の生き方に疑問を抱くようになります。

そして、自分の人生の時間はすべて、自分にしかできないもの・自分だからこそできるものに投資しようと思ったのです。それが「お金の教育」でした。

そして私はすべての人が、その人にしかできない・その人だからこそできる・その人にしか提供できない価値（問題解決）があると強く信じるようになりました。

今は当時よりも収入が多いにもかかわらず、見栄よりも居心地のよさを最優先した一軒家に家族6人で住み、服はユニクロ一色で、無駄な買い物はせず、コストパフォーマンスが高い飲食店しか利用しないようになりました。ほとんどのお金と時間を、家族の安心や子供の教育、自分の自己成長、そして「お金の教育者」としての執筆、講演活動、セミナー、動画配信やボランティア活動に投資しています。

そしてようやく、投資という鏡に映し出されている自分を誇りに思えるようになりました。

あなたは、どこに自分の限られたお金と時間を投資しているでしょうか？

あなたの投資の鏡には、どんな姿が映っているでしょうか？

もし、その姿に満足していないとするならば、どのような自分を映し出したいですか？

自分のお金と時間をどこに使うかを意識的に振り分けるためには、自分を深く見つめる必要があるのです。

とはいえ、日々目の前のやらなければいけないことに追われ、自分をじっくりと見つめなおす時間などないという人の方が多いでしょう。自分も金融マン時代は本当に激務だったため、毎日へとへとで帰宅し、テレビの前でボーッとしたり、ゲームでストレスを発散させたり、週末もなんとなく過ごしていることが多かったので、よくわかります。

しかし、その生活に満足しているかというと決してそうではなく、いつも何か鎖に繋がれているような不自由な感覚がありました。自分の理想の人生はこんなものではないのに、という漠然とした不安と不満を抱えていたのです。

でも、あるときから、意識的に投資先を選択し、能動的に動き出すと、人生が一変していきました。

自分は本当は何が欲しくて何がしたいのか？

自分は何が好きで何が得意なのか？

自分にしか提供できない価値は何なのか？

これらの問いの先にあなたが投資するべきものがあるかもしれません。

あなたが考える「理想の人生」とは？

私は10年ほど、「お金を稼ぐ」以外のゴールがなく、立ち止まっていた期間がありました。収入は高かったものの、振り返ってみると当時は成功しているとはとても言えなかったと思います。

なぜならその姿が、私が理想とする生き方ではなかったからです。

この本の大きな目的の一つは、あなたの「生涯収入」を確実に上げることです。しかし、生涯収入を上げるだけでは「成功」とは言えません。

なんのために生涯収入を上げるかというと、あなたにとって理想的で価値のあるゴールに向かって進み続けるためです。

そのゴールを本書では「理想のライフスタイル」と言います。ライフスタイルとは日本語で「生き方」という意味です。この理想のライフスタイルが成功し続けることの原動力となります。

お金を増やす、投資をする、生涯収入を上げる、お金の勉強をするというのはあくまで理想のライフスタイル（生き方）を達成するための手段なのです。

理想のライフスタイルを考える際に重要なことは、あなたが欲しいモノやサービス、人生でやってみたいことなどを、妥協や制限なく自由に描くということです。

何を描くかは、もちろん人それぞれです。

例えば、現在35歳の既婚の男性で年収は５００万円のサラリーマンをモデルに考えてみましょう。現在、子供が１人いて、郊外の賃貸マンション（家賃10万円）で暮らしているとします。この方が思い描いた理想のライフスタイルはこんな感じです。

・東京23区内の新築の３ＬＤＫマンションを購入。（35万円／月々ローン）
・月１回は家族３人で高級レストランで外食をしたい。（10万円）
・子供は私立の小学校に通わせて、習い事も好きなだけさせたい。（２００万円／年）
・車は新車のＢＭＷに買い替えたい。（５００万円）
・年に１回は家族で海外旅行に行きたい。（１００万円）
・田舎の両親に、年に１回、旅行をプレゼントして親孝行したい。（50万円）
・人生一度くらいは、チャーター機に乗ってみたい。（１回１００万円）
・こんな生活をキープしつつ、自分たちの老後に必要な生活資金も確保したい。（10万円／月）

さて、これらのものをすべて叶えるためには、どのくらいの生涯収入が必要になると思いますか？

「自由」はいくらで手に入る？

一見、途方もないお金が必要のように感じられるかもしれません。自分には、一生かかっても手に入れることができない、夢のまた夢の話だと思われるかもしれません。宝くじにでも当たったら叶うかもしれないけれど、そうでもしない限り、一生涯、手の届かない生活だと内心あきらめている人もいることでしょう。

ところが、決して絵空事の「夢」ではないのです。このような理想の生き方は年収約1500万〜2000万円があれば、すべて叶ってしまうからです。

現在、テクノロジーの発達やモノやサービスの質の向上に伴い、一昔前は一部のお金持ちしか手に入れることができなかったそれらの価格がとても安くなっています。一流レストランの食事や高級ホテルの宿泊も、一人数万円あれば利用できます。チャーター機や高級自動車などを格安で利用できるレンタルサービスも多種多様に登場しています。フェラーリに乗りたいということであれば、1日数万円で貸してくれるサービスもあります。海外の高級コンドミニアムに滞在するにもそれほど膨大なお金は必要ありません。実際に私のヨーロッパの友達も、チャーター便の回数券を使って利用しているそうです。

このように、理想のライフスタイルを手に入れるコストが現在はとても安くなっています。皆さんがイメージしている金額の3分の1〜4分の1程度で手に入るものが多くなっているのです。

さらに、これらの生活を実現するために必要な収入を手に入れる環境も整ってきていて、誰にでも理想のライフスタイルを手に入れる歴史上例のないチャンスが到来しています。そのチャンスを見逃さないために理解していただきたいのが、「投資の原理原則」です。あなたが思い描く理想の人生を手に入れるためには、投資のルールを理解し、インプットを最小限に抑えて、アウトプットを最大化するための知恵とアクションが必要です。それが投資の教養です。

ちなみに、私の理想のライフスタイルは、自由に自分らしく生きることです。誰にも雇用されず、家族と過ごす時間が十分にあり、好きなことができるという状態です。物欲はありませんが、求めるのは自由です。何にも束縛されずに、自由にいられることが理想の生き方です。

私のライフスタイルには、仕事とプライベートの区別はあまりありません。好きなときに家族で旅行に行き、好きなときに好きな仕事をする。このライフスタイルを維持するのに必要な年収は約3000万円（そのうち1000万円は4人の子供の教育費）。そしてこの年収があり続ければ、自分にとって、「やらなければいけない」ということがゼロになり、「やりたい」ものだけに時間とエネルギーを集中できます。

理想のライフスタイルはそれぞれあって、人によっては、会社に雇用されている状態をよしとしている人もいるでしょうし、家族や子供を持たないことを望む人もいるでしょう。私ほど自由であることに重きを置いていないという人もいるでしょう。でも、ほとんどの人が、その人なりの自由を手にしたいと願っているのではないかと思います。

あなたは、その自由の中でどんなことに時間とエネルギーを注いでいきたいでしょうか。まずは、あなたの理想のライフスタイルを思い描き、それにはいくらかかるのかを試算してみてください。

先に述べましたが、測れるものしか改善することはできません。

まずは、数字にする。必要な生涯収入を把握してみましょう。

そして、本書で述べる三つの投資方法に従ってアクションを起こせば、あなたの理想のライフスタイルは必ず実現できるはずです。

生涯収入の材料はこの三つだけ

理想のライフスタイルを思い描き、それにかかる年収をはじき出したら、次に行うのは投資のアクションです。アクションを起こすためにはまず、投資の種類とそれぞれの特徴について把握する必要があります。

投資には、大きく分けて3種類あり、その合計は次の公式で表すことができます。一見難しそうに見えるかもしれませんが、とてもシンプルなものです。


生涯収入＝お金を投資して得られた価値＋時間を投資して得られた価値

「お金を投資して得られた価値」は大きく二つに分けることができます。

お金を投資して得られた価値＝「自動投資」と「楽しむ投資」です。「自動投資」をβ《ベータ》、「楽しむ投資」をα《アルファ》とします。

また、時間を投資して得られる「教養投資」をλ《ラムダ》と呼びます。

それらの三つを合計したものが、あなたの人生で得られる価値の合計であり、生涯収入です。


生涯収入＝β＋α＋λ、略してβαλ《バル》法と呼びます。

生涯収入＝β《ベータ》＋α《アルファ》＋λ《ラムダ》

β＝「自動投資」で得られるお金
α＝「楽しむ投資」で得られるお金
λ＝「教養投資」で得られるお金

＊βとαは一般的には、お金を増やすために投資をする概念です。
＊λは一般的には、自己投資して稼げるお金を増やすという概念です。

βの「自動投資」で得られるお金、αの「楽しむ投資」で得られるお金、さらにλの「教養投資」で得られるお金を合計したものが、生涯収入です。

この公式は、ノーベル経済学賞を受賞した3人の経済学者の考えがベースになっています。詳しくはここでは述べませんが、ユージン・ファーマの資本資産価格モデル（CAPM）、ファーマーフレンチの3ファクターモデルやロバート・シラーとダニエル・カーネマンの行動経済学理論を自分なりに解釈し、専門用語がない汎用《はんよう》性のある公式にしています。

詳しくは後の章で紹介しますが、β、α、λそれぞれの投資の特徴だけ先に述べます。

「自動投資」「楽しむ投資」とは？

β＝「自動投資」とは、安心を得るための投資です。つまり、定年後や老後資金に必要な資産を作る投資です。初心者でもリスクが最も低く、気軽に確実に資産を増やすことができるという特徴があります。

この投資の特徴は、自動化をして、長期に運用すれば、ほぼ確実に現金と比べて得をするというところにあります。逆に長期的に自動化をしなければほぼ確実に現金と比べ損をします。

基本的なファイナンシャル・リテラシーのある人全員が得られる特典ともいえる投資法ですが、自動化がとても大きなポイントになります。この投資がすべてのベースになります。その理由や方法をいち早く知りたい方は、第2章をお読みください。

α＝「楽しむ投資」は、株式投資など、自分が買いたいと思う個別銘柄を選んで投資を行うものです。

不動産投資や事業投資などもここに含まれます。本書では参入障壁が一番低い金融商品に焦点を当てていますが、この考え方はどんな投資でも応用できます。

自動投資と比べると、リスクが飛躍的に高くなり、勝てる確率はガクッと下がります。しかし、他の人が持っていない視点を持ち、脳の癖を知り、マーケットの原理原則を理解することで、科学的に勝率を上げることは可能であり、爆発的なアウトプットをもたらす可能性もあります。

「こうしてみたらどうか？」「なぜ負けてしまったのだろうか？」などと、試行錯誤することが好きな方に向いた投資方法です。たとえ失敗してしまっても、投資の結果から何かを学び取り、思考実験を繰り返すことに楽しさを見いだせる人だけにお勧めです。

「教養投資」とは？

λ=「教養投資」は、あなたの思い描く理想のライフスタイルを手に入れるために、最も重要な投資方法です。

ここでは「時間」を投資していきます。

このメソッドに従って時間を投資することで、たくさんの人の大きな問題をよりたくさん解決することができます。そしてその対価として得られるのがお金であり、一生かけてどれだけの人の問題を解決したのかを定量的に表しているのが「生涯賃金」です。この生涯賃金が自動投資と楽しむ投資の原資でもあります。

教養投資では、インプット∧アウトプットを意識し、生涯賃金を上げることに注力して自己投資をしていきます。ただ自己投資といっても、闇雲に資格を取ったり高額セミナーに参加したりして、結局なんのアウトプットも生み出すことができなければ意味がありません。

そのために、まずは「何に投資をしないのか」を決めます。そして、限られたあなたの命の時間から最も効率的に対価が得られるものだけに投資していきます。

世の中のトレンドを把握し、自分にしかできない「価値」の提供をした者には、大きなリターンがもたらされます。

ちょっと難しそうに思えるかもしれませんが、第8章で述べるスキルスタッキングやレバレッジの考え方をもとに行動していくことで、誰でも無限のリターンを得ることは可能です。

教養投資は、自分がレベルアップしていくようなゲーム感覚の楽しさがあり、リスクゼロでありながら、ハイリターンが期待できるため、すべての人にお勧めです。

投資をすることの最大のメリット

この「βαλ《バル》法」を理解し、実践することで、あなたが理想とするライフスタイルが手に入り、豊かで充実した人生を送ることができるようになるでしょう。

投資をすることの最大のメリットは、自分の人生の舵を自分自身で切れることだと私は考えています。

自分の持っている限られたお金と時間を、何に投資すれば、未来において最大のリターンを得ることができるのか。

これを意識することが習慣化すると、能動的にものごとを判断し、生きていくことができます。

投資を意識的に行うことで、単に大きなリターンを得られるだけでなく、生きがいや天職と呼ばれるものに出合うことも可能です。あなたの思い描く理想のライフスタイルを手に入れ、さらに、このために生まれてきたという実感を得られる人生や夢を歩めるとしたら、これ以上の幸せはないのではないでしょうか。

それでは、あなたの理想のライフスタイルに向けて、まずはすべての人がやるべき「自動投資（β）」に進みましょう。

第２章

「自動投資（β）」で安心と自由を手に入れる

パッシブ投資をベースとした考え

この章では、自動的かつ長期的に投資を行えば、誰でも未来においてインプット以上のアウトプットを高い確率で生み出すことができる「自動投資(β)」についてお話しします。

この投資方法はポジティブサムゲームです。ポジティブサムゲームとは、ゲーム(投資)に参加した人すべてが勝てるというもので、WIN-WINが可能なゲームです。つまり自動投資を行えば、誰でもほぼ確実に資産を増やすことができます。

自動投資を行う最大の目的は、あなたの将来の安心を保障することです。35歳の人が今から自動投資を始めれば、60歳の未来において約5000万円以上の資産を作ることは夢ではありません。老後の生活資金問題はこれで解決できます。

自動投資は、1975年頃から普及したパッシブ投資という手法をベースにしています。タイミングを見て売買したり、値上がりしそうな銘柄を選んだりするアクティブ投資と違い、パッシブ投資では主観は入りません。あらかじめ決められた投資対象や方針に則って投資する手法で、銘柄や資産の積極的な入替や、組入比率の変更は行いません。個人投資家向けに初めてこの手法を可能にしたのは、バンガード・グループを創業したジョン・

C・ボーグル氏でした。

パッシブ投資をベースにした投資方法は、自動投資以外にもすでに数多く存在していま す。例えば、「ほったらかし投資」なども、投資の基本原則である長期・分散型をベース にした投資方法です。あなたもおそらく、これらの言葉を見聞きして知っているでしょう し、すでに投資を始めている人も少なくないはずです。

しかし、すでに何らかの長期・分散型の投資をしている人も、まだ始めていない人も、多くの誤解や勘違いをしています。そもそも、なぜこの長期・分散型の投資をするのかを説明できる人は少ないでしょう。

まず自動投資の具体的な話をする前に、長期・分散型投資の原理原則と、多くの人が持つ四つの誤解を解きほぐす必要があります。

この部分はあなたの今後の投資人生の強い基盤になってきますので、しっかり理解しましょう。

ほぼ確実な「未来予測」は存在する

投資とは、未来を予測することです。では、ほぼ確実に当たる未来予測など存在するのでしょうか？

答えは「はい」です。

250年ほど前に、「それぞれの人が得意な仕事をして作ったものを自由に取引すれば、世界は確実に豊かになる」という未来予測をした人がいます。そして、彼の予想は見事に的中しました。誰の予測かというと、近代経済学の父と呼ばれるイギリスの経済学者アダム・スミス（1723～1790年）です。彼の思想は『道徳感情論』と『国富論』を通して世界に広く知れ渡りました。原書が950ページを超える『国富論』の中で、彼は次のような未来予測を記しています。

①富とは国民の労働時間から得られた価値であって、金や貴金属ではない。（労働価値説、反重商主義）
②それぞれみんなが自分の得意なことをすると生産性が上がる。それを自由に取引することで、みんなの富が増える。つまりポジティブサムゲームになる。（分業論、自由競争）

では、実際に、彼の予想がどのように的中したのかを見てみましょう。

2-1　各国の１人当たりの収入の推移

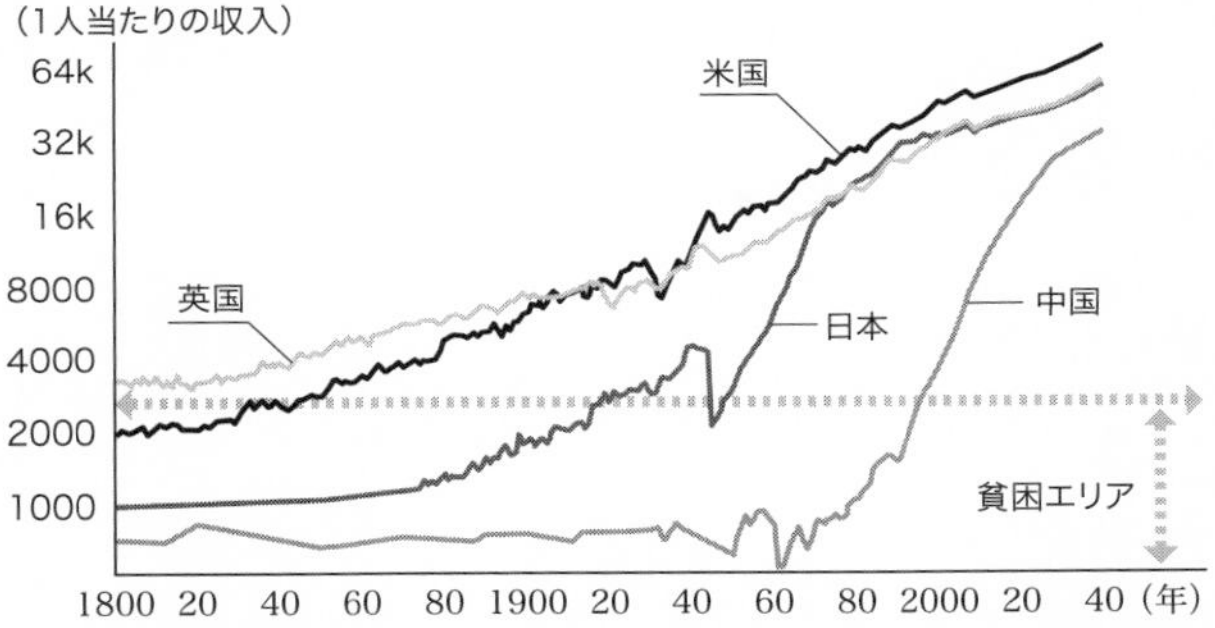

１人当たりのGDP（PPP・ドルベース）実績データは2015年までインフレ調整済み（出典：Gapminder）

図表2－1を見てください。このグラフは、縦軸が米国、日本、英国、中国の1人当たりの収入を表しています。1800～1860年頃までは、ほとんどの国の人々の収入はとても低いものでした。世界の多くの人々の生活はとても貧しかったわけです。

現在の貨幣価値で考えると、2ドル未満程度で1日を過ごしていた人が、半数以上存在していたのです。世界では、生涯貧しく人生を終える人の方がはるかに多かったことを意味します。

ところが、その後から米国を筆頭に、人々の収入は右肩上がりに伸びていきます。グラフでは、米国のあとを日本が追随しています。

日本だけではありません、各国がすべて右肩上がりに裕福になっていっていることがわかります。

皆が貧しかった時代から100年、200年が進んだ現在では、1日を2ドル未満で生きる人の割合は10%未満に減り、世界の貧困は劇的に軽減されてきているのです。さらに中間層が明らかに拡大しています。昔よりも、現在の方が生活水準は各段によくなっています。

このグラフでは2015年までの実績データしか示されていませんが、現在も、そしてそれ以降も世界の人々の収入は増え続けることが予想されています。なぜなら、アフリカ諸国、東南アジアや南米などの発展途上国では、いまだに1日2ドル未満で生活している人がたくさんいて、十分な食事や安心して暮らせる家がない状態だからです。今よりもよりよい生活をしたいと願う人間の欲求がある限り、長期的に見ると経済はどんどん拡大し、世界は豊かになっていくのです。

たとえ短期的にはリーマンショックやコロナウイルスなどによって、成長が減速したかのように見えるときがあったとしても、長期的に見れば、必ず繁栄していきます。

豊かさは寿命の長さにも

豊かさは単に「収入」という指標だけでは測れないと考える人もいることでしょう。収入とは別の観点で、世界の発展の様子を見ることができます。その一つが、「世界の国々の平均寿命」です。

1900年頃までは、世界の主要国でも平均寿命は約40歳くらいでした。しかし、世界の平均寿命は劇的に延びています。特にその延びが著しかったのが日本であり、この100年で、平均寿命が倍近くに延びています。中国やインドも劇的に平均寿命が延びつつあります。

そして、収入と寿命には相関関係があることも明らかにされています。

国内だけに目を向けると、今や長寿であることが当たり前のことのように思えますが、世界規模にズームアウトしてみると、まだまだ収入が低く、平均寿命が短い人がたくさん存在します。健康で長生きしたいという人々の欲求があり、その欲がある限り世界経済は成長し続けることは明らかなのです。

これは、ほぼ確実に当たる未来予測です。

利己心に基づく行動が社会を豊かにする

多くの国の人々の生活は、飛躍的によくなっているということがおわかりいただけたことでしょう。その要因は、それぞれの人がよりよい生活を望み、自分の時間を使って社会の問題を解決し、その報酬として得られたお金で自分の欲求を満たすためによりよいものを求めてきたからです。これはまさに投資行動です。人類一人ひとりの、欲求に基づく投資行動が、世界の繁栄を支える社会貢献になっているとも言えるでしょう。

投資行動を促すものは、自分の生活をよりよいものにしたいという人間の本能です。世界中の人たちがよりよい生活を求め、自分が長けていることをして、利己心のもと、その価値を自由に交換することができれば、世界の富は増えていくことは間違いないのです。

ほぼ確実である未来予想とは、「未来は今より明るい」ということであり、これは人類が誕生してから一度も外れたことのない確実な予測です。

現金の価値はどんどん目減りしている

次に、世界の発展によって、資産の価格がどのような変化があるのかを見ていきましょう。図表2－2は、1900年から2019年までの先進国と新興・途上国に1ドルを投資した場合その1ドルがいくらになったかを示したグラフです。

2-2　先進国と新興・途上国に１ドルを長期で投資した場合のリターン

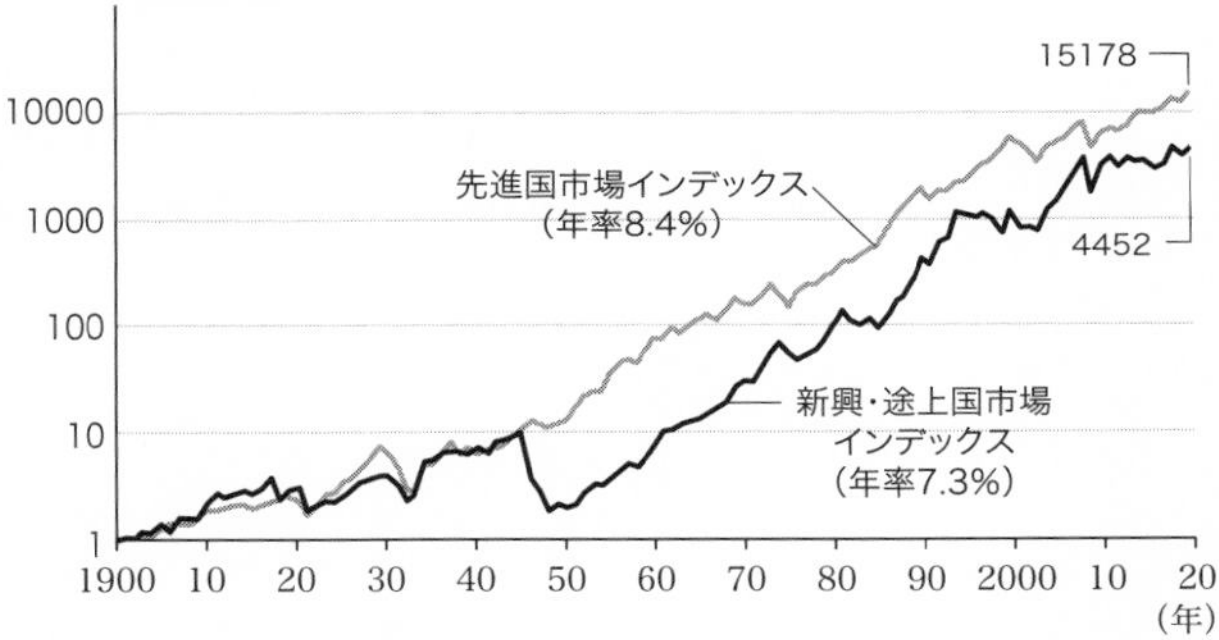

出典：Elroy Dimson, Paul Marsh, and Mike Staunton. *Triumph of the Optimists*, Princeton University Press, 2002. "Global Investment Returns Yearbook" Credit Suisse, 2020

現金のままであれば1ドルのままでしたが、その現金を先進国や新興・途上国の資産と交換した場合は4500倍～1万5000倍の価値になったということです。これは年率（複利運用）で7・3～8・4％のリターンです。

このグラフでは、1ドルを投資せずそのまま持っていたら1ドルのままとお伝えしました。100年経ってもお札の上には1ドルと書いてあるのは当然のことですが、その1ドルで買えるものは少なくなります。つまり、購買力は下がるのです。

名目上は1ドルでも、その1ドルの価値が下がって、以前買えていたものが買えなくなっている（物価が上がっている）とい

2-3　USドルの購買力の推移

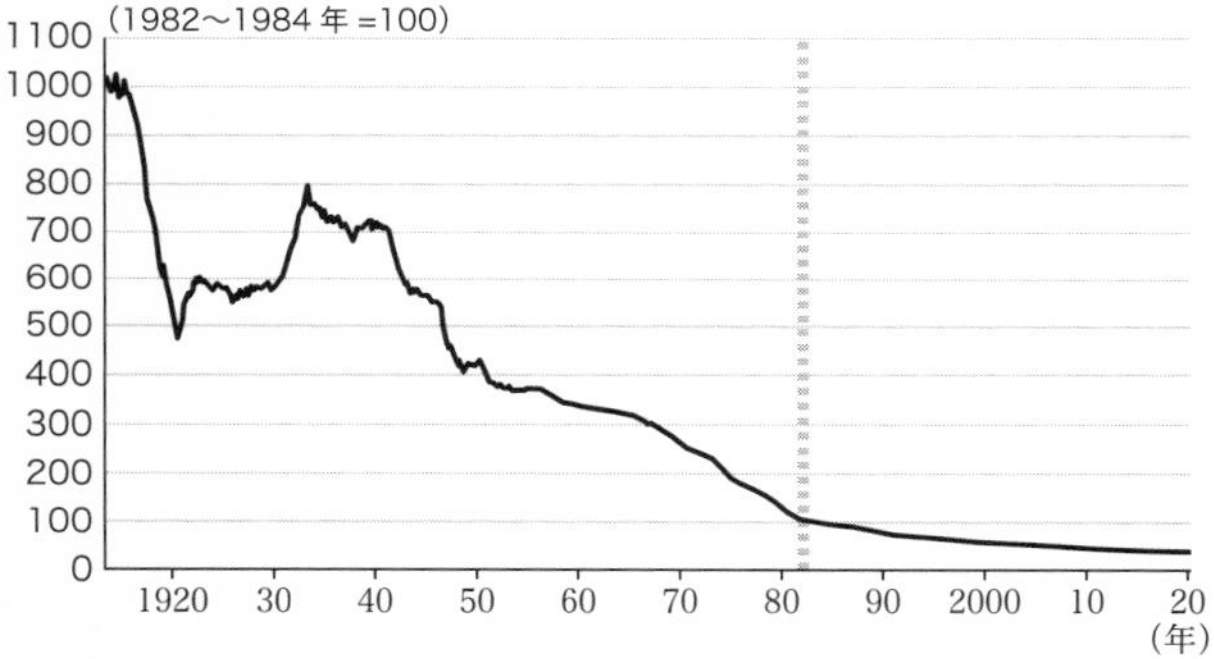

アメリカ都市部の消費者物価指数（出典：FRED, アメリカ合衆国労働統計局）

うことです。

アメリカ合衆国労働統計局のデータによると1ドルを現金のまま持っていた場合は、その購買力は100分の3程度に目減りしています(図表2－3)。

一方で、短期国債の場合は2倍に、債券の場合は10倍に、株式の場合は2000倍近くになっています。

日本の資産の場合はどうでしょう?

1ドルを現金のまま持っていた場合、1900~2020年の間で、その購買力は2000分の1程度(インフレが1963倍)になっているのです(出典:"Global Investment Returns Yearbook" Credit Suisse, 2020)。また、短期国債の場合は10分の1に、国債の場合は10分の4に、そして、

2-4　日本の資産の収益

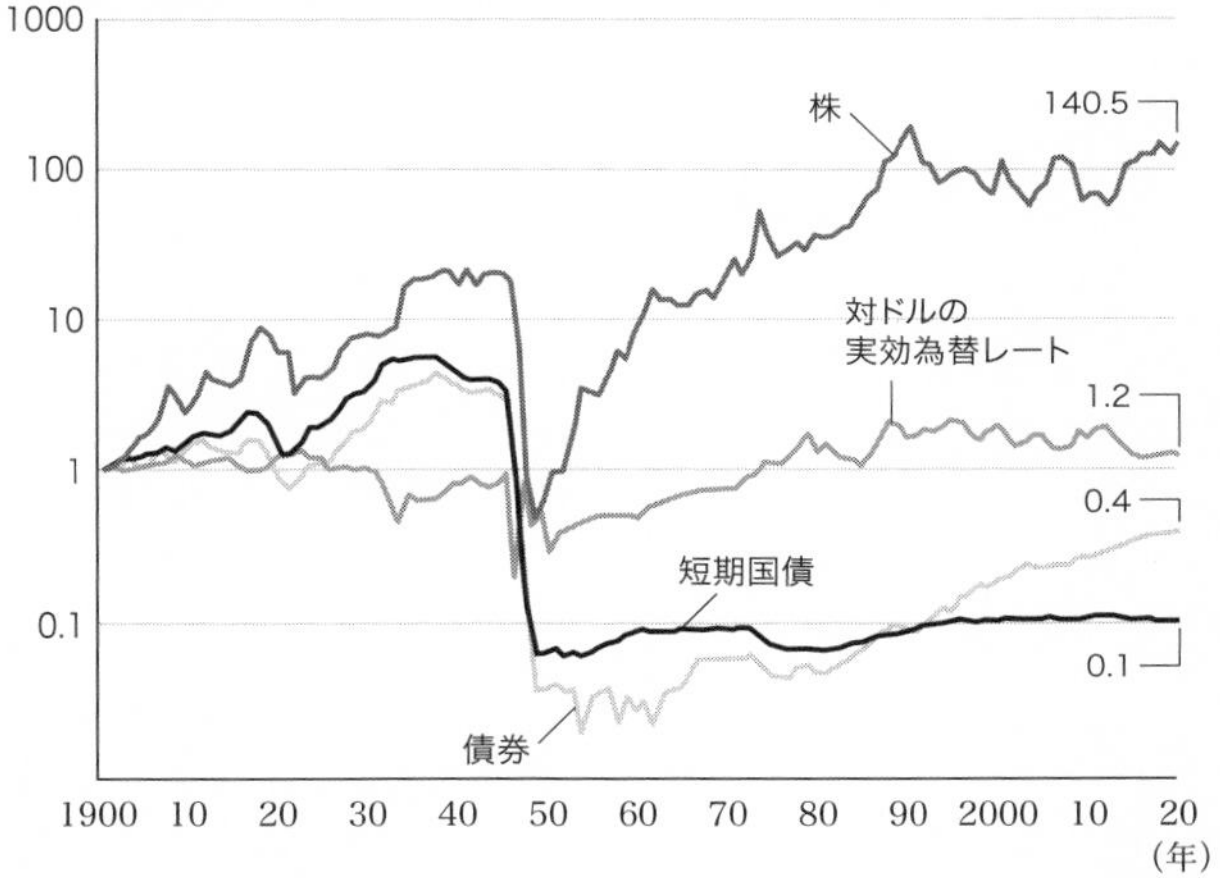

出典：Elroy Dimson, Paul Marsh, and Mike Staunton. *Triumph of the Optimists*, Princeton University Press, 2002. "Global Investment Returns Yearbook" Credit Suisse, 2020

株式の場合は140倍近くになっています（図表2－4）。

このデータが示していることは、世界が発展する一方、現金という資産の価値は長期的に確実に下がるということです。米国だけではありません、日本の場合も、資産価値は同じような増減をしています。

投資できないのはあなたのせいではない

日本人は投資を好まず、貯金を好む傾向にあるということはよく知られた事実です。

2-5　家計の金融資産構成

	日本	米国	ユーロ圏
現金・預金	53.3%	12.9%	34.0%
債務証券	1.3%	6.5%	2.3%
投資信託	3.9%	12.0%	8.8%
株式等	10.0%	34.3%	18.8%
保険・年金等	28.6%	31.7%	34.0%
その他	3.0%	2.7%	2.2%
金融資産合計	100.0%	100.0%	100.0%
金融資産（現地通貨ベース）	1,835兆円	88.9兆ドル	24.5兆ユーロ

2019年３月（比率ベース）（出典：日本銀行調査統計局「資金循環の日米欧比較」）

家計に占める現金・預金の割合を見ると、日本は53・3％であるのに対して、米国では12・9％、ユーロエリアでは34・0％になっています。さらに、債券、投資信託、株式等といった金融資産の家計に占める割合を見てみると、日本は15・2％に対して、米国は52・8％、ユーロエリアは29・9％になっており、日本の資産運用の低さは明らかです（図表2－5）。

なぜ日本だけが、これほど資産運用をしないのかというと、次の二つの原因が大きく影響していると私は考えています。

一つ目が、経済状況の影響です。日本では、バブルがはじけて以来20年間、ずっとデフレが続いてきました。デフレについては詳しくは後述しますが、デフレのときには、現金は強い金融資産となります。ですので、20年間もデフレが続いてきた日本では、他の金融資産に投資をしてこなかったことはある意味では正解だったかもしれません。

２０２０年1月になってようやくバブル崩壊後の高値まで株価が戻ってはきましたが、バブル崩壊後やコロナショック後に起こりうるデフレの状況下では、積極的に他の金融商品に投資をすることが得策かどうかは疑わしいというのが、世論の多くを占めるというのはごく自然なことだと思います。

１９００～１９８９年までは、現金の価値が年率で８・５％下がり、株式の価値が年率で６・１％上がっていましたが、バブル崩壊後の20年だけで見ると現金の価値が上がって、株式の価値が下がっているという、まさに真逆の状態になっています。

二つ目が、終身雇用や退職金や年金など、個人を守る制度が充実していたという点です。欧米各国に比べて、優遇された環境が整っていました。そのような制度があるならば、わざわざ資産運用をする必要性を感じてこなかったということもまた当然のことでしょう。

国や会社はあてにできないから、積極的に投資をして自分の生活を自分で守ろうとする力が生まれにくい土壌が日本にはあります。そのような背景のある国では、投資に関する教育はもちろん存在しません。学校でも会社でも投資のことを教えてくれません。ですので、たくさんの人たちがこれまで投資をしてこなかったのは、仕方がないことなのです。

世界各国の政府が一番恐れているのは世界恐慌のような長期的なデフレ（現金価値が長期的に上がり続ける状況）です。歴史的にもリーマンショックやコロナショック後の大きな経済ショックでは、日本を含め世界各国は何が何でも長期的なデフレに陥らないように、前例のないさまざまなインフレ政策を行っていきます。

過剰な債務が存在する中で、政府が個人や企業に対して直接の現金給付、債務免除や減税のようなインフレ政策を行ってきた結果、長期的な観点から見ると現金価値は確実に下がっているのです。現在もコロナショックによって確実にもたらされる経済への悪影響を和らげようと、全世界が同時に前例のないインフレ政策を行っています。

そんな状況にある現在、これまでと同じように現金という資産にのみ投資を続けるのならば、ほぼ確実にその資産の価値は目減りします。

極端に言えば、私はこの先、現金に対する投資リターンはゴミ同様になると考えています。また、終身雇用や年金制度も崩壊しつつあり、ますます自分で資産を積極的に守り、作っていくということが大切になってきています。

賢明な読者の方であれば、「そんなことはすでに十分に知っている、不安や危機感もはなはだ感じている」、そう反論される方が過半数だということも容易に想像できます。

にもかかわらず、投資をしない人が過半数もいるということもまた事実です。

そのような方の中には、前述の二つの社会的背景の影響のほかにも、投資をしない理由があることが考えられます。その理由とは、次の四つの誤解によるものではないでしょうか。

投資の四つの誤解と真実

金融リテラシーに関する調査データ（参照：野尻哲史「若年層の投資態度の変化」）や私自身がこれまで行った数々の講演会やセミナー等で得た経験から、次の四つの根深い誤解が投資行動を抑制する原因になっているということがわかってきました。

誤解① 投資はリスクが高い
誤解② 投資は難しい
誤解③ 投資には手間がかかる
誤解④ 投資にはまとまったお金がいる

本書の冒頭でお話しした通り、投資の環境はコモディティー化しています。誰もが、リスクなく、簡単に、手軽に、負担なく投資ができる環境ができあがったことを意味します。そんな恵まれた投資環境にあるにもかかわらず、これらの四つの誤解をしているがために、いまだに、投資をしていない人が約半数以上存在しているのです。

そこでここでは、これらの誤解と、それに対する「真実」を提示し、その根拠について述べていくことにしましょう。

誤解① 投資はリスクが高い

投資をしない理由で、筆頭に挙げられる声は、「投資のリスクが怖い」というものです。「せっかく一生懸命に働いて手に入れたお金を、投資をして失うのは避けたい」という損失回避の声が多く聞かれます。

真実① 「現金投資」のリスクは高い

これはほとんどの人が誤解している点です。投資はリスクがあると言いながら、現金を持ち続けることこそが、そもそも投資だということを理解していないのです。

現金という資産に長期投資することほど、リスクが高い投資行動はありません。

なぜなら、経済ショック後に短期的に現金需要が高まったとしても、長期的には現金の価値は着実に目減りするからです。

ここで紹介する自動投資は、あなたの持っている現金を自動的に世界のすべての資産と交換をする手法です。これにより、あなたの資産がなくなるリスクはほぼありません。なくなるどころか、反対に、あなたの大切な資産を減らさないための必須の方法であり、賢明な選択の一つです。

自動投資からあなたが未来に得られるアウトプットとは、世界が今よりもよくなる限り、必ず得られる世界経済から保証された贈り物なのです。ただ、この保証された贈り物を享受するためには、必ず守らなければいけない三つのルールがあります。

そのルールが、「長期」「分散」「自動化」です。

ほとんどの人はこのルールを守らず、短期・集中・手動で投資を行っています。ルールを理解せず、守らないことで損をして、「投資はリスクが高い」という大きな誤解が生まれているのです。

誤解② 投資は難しい

投資の勉強をしようと思っても、情報が多すぎて何をしていいかわからないという声も多く聞かれます。確かに、投資に関する情報は氾濫《はんらん》しており、専門用語や横文字が並んでいて難しい印象があります。たとえ理解できたとしても、一体どの情報を信じればいいのか判断に困るということがあるようです。

真実② 投資はシンプル

投資に必要な知識はとてもシンプルです。実際は初心者が取るべき王道の勝ちパターンというのは、ほぼ決まっています。しかも、欧米ではそのパターンが広く認知されていて、多くの人が実践しています。そのパターンとは、本書で紹介する自動投資そのものなのですが、「不要な知識を詰め込まずに、自動的に全世界の資産を買う仕組みを作って、それを放置すれば、ほぼ確実にお金が増える」というものです。

反対に、情報に惑わされて能動的に資産を売り買いすれば、ほぼ確実にお金が減るということも一般的に周知されています。

自動投資に必要な知識は、とてもシンプルです。後述する、経済における「取引とは何か?」「現金、株、債券、実物資産は何か?」というごく基本的なことを知っておけば十分です。難しいことは何もありません。

誤解③ 投資には手間がかかる

投資をやらないといけないと思っていても、毎日忙しくて投資をする時間がないという声も多々聞かれます。株価や経済動向などをチェックしたりする時間を確保することは自分には到底無理だとあきらめている人も多いようです。

真実③ 自動投資は手間がかからない

自動投資は時間も労力も全くかかりません。一度、自動投資システムを完了してしまえば、あとは何もせずに自然と資産を作っていくことができます。むしろ、投資に時間を使えば使うほど投資で損をすることになります。その真意は第3章で詳しく説明します。

誤解④ 投資にはまとまったお金がいる

投資をしようと思っても、そんなお金はないという声が聞かれます。投資をするのは、資産を持っている特別の人だけの話だと思っている人も多いようです。

真実④ 投資は少額でも十分できる

確かに数年前までは、投資をするためにはある程度まとまったお金が必要でした。しかし、現在では自動投資をスタートするのに大金は不要です。数千円で全世界の金融商品がいつでも買えるからです。

資産があるから投資をするのではなく、資産を作るために投資をするのです。

実際、フィデリティ退職・投資教育研究所が２０１９年にまとめたサラリーマン１万人アンケートでは、年収が１００万～５００万円の人の約４割がすでに投資をしています。まとまった資金がなくても投資ができるという意識も広がってきていることがわかります。

しかし、これら四つの誤解はとても根深いため、にわかには信じきれないということは当然のことでしょう。ここからは、真実の根拠について詳しく解説していきます。

「資産」とは何かを理解する

それでは、まず一つ目の誤解である、「投資はリスクが高い」という誤解を解いていきたいと思います。真実は、投資全般のリスクが高いのではなく、現金だけに投資する「現金投資」はリスクが高いのですが、それはなぜでしょうか。

リスクが高いことを理解するためには、まず、そもそもどのような資産があるのかを把握する必要があります。

世界中にはたくさんの資産が存在します。現金や預金、株、債券、貴金属、不動産、そのほか価値を入れられるものなら何でも資産として定義することができます。その中には毎年価値を失うような資産（現金）、価値の上がり下がりが激しいような資産（株）や安定的に価値を保存するような資産（ゴールド）があります。つまり、それぞれの資産は違った値動きをしています。

これらの資産を似た値動きをするグループに分類することで、投資はもっとシンプルになります。この資産のグループを「アセットクラス」と言います。

投資をする上においてすべての資産について個別に知る必要はありません。特に自動投資においては、手数料はほぼ無料、ワンクリックで簡単に売り買いができて、世界の大部分の資産を占めていて、過去100年のデータが存在するというアセットクラスだけを扱います。そのアセットクラスは次の四つです。

①現金等（現金、預金、定期預金）
②株式
③債券
④実物資産（金融資産として上場している）

金融資産の定義は「未来価値の約束」です。つまり未来に何らかの価値がもらえることを第三者が約束しています。

①現金等（現金、預金、定期預金）

現金や預金は、私たちに一番なじみのある資産であり、価値の移転をすることが得意な資産です。預金に期限が加わったものが定期預金で、一般的には90日以内に現金化できるという特徴があります。

これらは未来において、モノ、サービスや他の資産と交換できることを国が約束していて、価値の数値化をする機能を持っています。価値を測る単位は、米国ではドル、日本では円です。

現金や預金は、モノやサービスと交換する上で、とても便利である特徴を持っていますが、価値を保存するという点においてはとても苦手な資産です。

②株式

会社は資金調達をするために株券を発行します。その会社が未来において成長すると未来予測すれば、株式を購入します。会社が存続する期間においては、会社から未来のいつか、いくらかの利益の一部がもらえる約束です。

ただし、いつ、どのくらいもらえるかは不確定です。会社の利益によって変動するので、未来においてどのくらいの価値を得られるのかを予想することは難しいのです。予測が難しい、つまりリスクが高いほど一般的には得られるリターンが大きいと言われています（投資におけるリスクとリターンに関しては第4章で詳しく話します）。

③債券

債券は、株式よりも市場が大きいという特徴があります。国や会社にあなたのお金を貸したときにもらえる資産です。あなたが国にお金を貸したら、「国債」という債券がもらえます。企業にお金を貸したら、「社債」という債券がもらえます。未来の決まったときに、国や企業から決まった現金額がもらえる約束です。

未来予測はしやすく、一般的にリスクが低いのでリターンも低いと言われています。

④実物資産（金融資産として上場している）

実物資産は、その名の通り触れることができる資産です。自動資産で覚えるべき実物資産には、穀物、石油や貴金属といった工業需要があって消費できるものと、金《きん》とビットコインのような工業需要がほぼなく、消費できないものがあります。この本で扱うのは金融商品として上場している実物資産です。例えば、実物の金や不動産ではなく、上場している金や不動産の投資信託ということです。

自動投資において知っておきたい資産はこれだけです（さらに詳しい資産の特性については第5章で説明します）。

現金は価値を保存するのが苦手な資産

では、なぜ自動投資では、現金を他の金融資産に交換する必要があるのでしょうか？

現金の価値は、長期的には下がることを48ページで説明しました。まだ納得がいかない人のために、経済の構造の側面からその仕組みについて簡単に説明しましょう。

経済の仕組みは一見複雑なもののように思えますが、実はとてもシンプルです。

経済とは取引の合計です。取引とは、あなたのお金か信用を、モノ、サービス、他の資産と交換することです。日本で起こっているすべての取引を合計したのが日本経済であり、世界で起こっているすべての取引を合計したのが世界経済です。取引金額が増えると経済はよくなり、取引金額が減ると悪くなります。

なぜ取引金額が経済のよし悪しに関係があるのかというと、誰かの支出は他の人の収入だからです。あなたが1万円を支出して外食をした場合、その1万円はレストランの収入となります。そのレストランはその1万円を使って食材を購入したり、人件費を払ったりすることができます。食材を提供する会社と従業員はこの取引で受け取った1万円を使って会社を経営し、従業員は給料を得ます。

そして、これらの取引は続いていきます。あなたがレストランで支払う料金が増えれば、レストラン側の受け取り金額が増えます。すると、店の規模を拡大したり、従業員の数を増やしたりすることができます。

取引金額が増えると支出とそれを受け取った人の収入も増え、経済はよくなります。取引金額が減ると支出とそれを受け取った人の収入も減り経済は悪くなります。特に経済ショックが起こると急激に取引金額が減って、企業の収入が減り、その結果多くの人が職を失い、それにより取引金額がさらに減るという悪循環に陥ります。

国民生活を豊かにするために経済を活性化することが国（政治家）の大事な仕事なので、国は取引金額が増えるようなさまざまな策を取り、取引金額が急激に減るような事態を阻止しようとします。

それでは、あなたが自分の持っているお金を、モノ、サービスや他の資産と交換することを余儀なくされる政策はどのようなものがあるでしょうか。

消費税が上がる前の「駆け込み需要」という言葉を聞いたことがあるでしょう。これは、値段が上がる前にモノを買うという行動です。激安セールが明日までという場合も同じです。消費税増税前や激安セールのときは、値上がりする前に自分の持っているお金を他のモノと交換する意欲が生まれます。

経済をよくする政策はこれと全く同じものです。経済のお金の流通量を増やすことで現金の価値を下げれば、モノ、サービスと他の資産の値段は上がります。

このように物価が上がることが予想されると、その前に取引をしようとして経済は活性化します。反対に、現金の価値が上がれば、それを手放そうとしなくなり、取引が少なくなります。

取引が少なくなると経済は停滞してしまうので、国は、取引を活性化させるために、適度に現金価値を下げるような施策を試みます（世界的に年２％程度のインフレ上昇が適度と言われています）。国は、経済を活性化させるために意図的に、現金の価値を下げようとするのです。

確かに、適度（年２％）に現金価値を下げ続けることができれば問題はありません。しかし、政府が意図的に現金の価値を下げるという試みは、歴史的に見て最終的にはどのような状況を招いたのでしょうか？

結論から先にお伝えすると、お金の歴史上、存在するどんな紙幣も最後には、「価値が激減する」という宿命があるということです。

つまり、あなたが財布や銀行預金の中に入れてあるお金は目減りしていく可能性が高いのです。

現金価値のトレンドを見る

アテネの時代から、世界の通貨は繁栄と衰退を繰り返してきました。直近100年のお金の歴史だけを見ても、現金の価値がいかに不安定であるかがわかります。

例えば、各国の紙幣は1913年までは、「金《きん》」と等価交換できましたが、第一次大戦後はできなくなりました。これは、紙幣が金ほどの価値を持たなくなったことを意味します。さらに、1944年からは、USドル以外の通貨は金と交換できなくなります。

二度の大戦で躍進し、世界の基軸通貨になったUSドルでしたが、1960年からのベトナム戦争や、その後の政策で米国が過剰に借金をし、その返済をするためにお金を刷ることになります。それが影響をして、1971年8月に当時のニクソン米国大統領によってUSドルと金の交換ができなくなったのです。

USドルに限らず、同様な通貨の衰退は世界の国々で起こっています。すなわち、現金の価値というものはとても不安定なものなのです。

それでは、日本の現金の価値はどうでしょうか。実はバブル崩壊後の2000〜2013年は日本が戦後初めて経験した「デフレ時代」でした。それ以前では物価は一貫して上昇し、日本は先進国の中でもインフレ率が非常に高い国だったのです。これは前に紹介している購買力のデータやグラフでも確認できます。過去100年でUSドルの購買力は100分の3程度になったのに対して、日本は2000分の1になっています。

そして、日本は長く続くデフレから脱却するため、40種類以上にわたる政策を打ってきました。2013年からの「アベノミクス3本の矢」という政策における第一の矢は、大胆な金融政策、つまり市場のお金を増やしてインフレを意図的に起こすというものでした。毎年現金価値を2%下げていくという目標を掲げていましたが、結果を見てみると1%未満の上昇程度に留まっています。

しかし、この2%目標が示すのは、私たちが生活の中で買った商品やサービス価格の上昇率にすぎず、不動産や株価などの資産価格の値上がりは反映されていないという点に多くの人が気づいていません。

例えば3大都市圏の不動産価格は5年連続で上昇していて、商業地での上昇率は3%を超えました(2020年の国土交通省の公示地価)。日経平均株価も2013年の1万円近辺から2020年1月には2万4000円近辺に上がりました。これは年率13%ぐらいの上昇です。

現金だけに投資している人は生活必需品が毎年高くなっているだけでなく、株や不動産という資産も毎年それ以上高くなっているわけです。この資産を持っている人の資産はより増え、資産がない人だけ苦しくなっている構図が所得格差を助長しています。

このことが、あなたの銀行口座の中にある現金にどのような影響を与えているかを説明できるでしょうか。

例えば、年に1%のインフレになると、30年でもともとあったお金の価値が25%減る計算です。さらにインフレが2%になった場合には、銀行預金に1000万円あったあなたの預金の価値が30年後には半分近くになっているということを意味します。

私自身の考えでは、2%どころか、4%になる可能性もあると未来予測しています。

つまりは、「現金を持ち続けているだけ、その価値はどんどん下がる」、そして理想のライフスタイルがどんどん遠くなっていくのです。

2-6　世界のインフレ率

先進国全般	平均年間1.4% （日本0.5%、米国1.8%）
アジア地域先進国	平均年間2.1%
アジア地域新興・途上国	平均3.2%
EU圏内	1.2%
ヨーロッパ地域新興・途上国	6.5%

2019年（出典：IMF DataMapper）

このように説明しても、ほとんどの読者の方は、インフレを経験したことがないですし、実感もできないと思うことでしょう。また、コロナショックのような経済危機が起こると「現金が安全資産！」という神話が脳裏に焼き付いてしまいます。ただ、自分の人生の中でこれまでインフレを経験したことがなかったからといって、先ほどのグラフで説明した、明らかに現金価値が下がるという長期トレンドを無視するのは賢明ではないと思います。

参考までに「IMF DataMapper」というサイトで国や地域の物価上昇率（インフレ率）が一般公開されていますので、その一部をご紹介します（図表2－6）。

また現在は、所得格差、債務膨張（借金が膨らむこと）や社会的不安が追い風になりMMT（現代貨幣理論）という仮説が普及し始めました。

MMTとは、日本のように、自国の通貨発行権があり諸外国への借金が少ない国は、いくらお金を刷っても大丈夫という理論です。お金を刷りまくっても、政府がそのお金を賢く使えば、急激なインフレは起こらないという考え方です。

ところが、各国の歴史を見ると政治家が独断でお金を刷って、それを自由に使う権限を委ねられると、物価の安定が確保されず経済全体が機能不全になる場合がほとんどです。このような事態を阻止するために世界各国で中央銀行の独立性を確保する法律が存在します。日本でも日本銀行法という法律で、中央銀行の自主性を尊重する記載があります。

そして現在、米国、欧州、日本では、度重なる経済ショックをしのぐために政治家の金融政策への介入が増え続けています。国民や企業への直接現金給付などが積極的に始まっているのを見ると、USドル、ユーロ、円の三つの基軸通貨崩壊の序章が始まっていると私は考えています。

つまりは、今後も長期にわたって現金の価値は激減していくと考えられるのです。

現金は、取引をする場合に、人から人へ、会社から会社へと価値を移転するにはとても優れた資産ではあるのですが、長期に価値を保存するという役割においては、最悪の資産だということが理解できたことでしょう。

現金は〝保険料〟がかかる！

それでもなお、「現金で持っておく方がいざというときにすぐに使えるから」という意見もあるでしょう。もちろん、いざというときのお金は、確保しておく必要があります。

その目安は、約6カ月分の生活資金です。

それ以外の現金は、すべて自動投資に回しても困るということはないでしょう。本当にピンチのときには、金融商品を現金化することも可能です。

現金は保険のようなものです。持っているといざというときに助けてくれます。しかし、保険同様に保険料がかかります。

現金の保険料は年間1～2％（インフレ率）です。

例えば、いざというときのために300万円の現金を保険として持っている場合、毎年3万～6万円の保険料がかかるというイメージです。

だからこそ必要以上の現金は持たず、できる限り他の金融資産に投資することが、あなたのお金の価値を目減りさせないことになります。

つまりは、必要最低限の保険（6カ月分の生活資金）を持ちつつ、それ以上の現金を他の資産にできるだけ投資することが賢明な判断ということです。

なお自動投資では、基本的にすべて外貨に投資します。そのことを不安に思う人もいるでしょうが、あなたの収入のほとんどが日本円なのであれば、自動投資のほとんどを外貨にしたとしてもなんら問題はありません。なぜなら、生涯収入の90％以上が日本円なのですから、そのうちの10％くらいを外貨に投資しても、多いどころか比率が少ないくらいなのです。

円で収入を得ている人にとっては、すべての金融商品をドルなどの外貨で買ってもなんら問題はないでしょう。

現金だけへの投資もギャンブル

現金の価値は時間の経過とともに目減りしていくとするならば、価値が目減りしてしまう前に他の金融資産を買い、増えた分の価値を未来でもらえばよいということになります。

しかし、ここでとても重要な疑問が湧き起こってくることでしょう。

どの資産をいつ買えばいいのかという問題です。

「長期的に世界経済はよくなると言っても、経済が悪い期間だってあるし、長期間インフレやデフレが続くときだってある。実際、バブル崩壊直前に株を買ったら20年間も損をし続けたし、リーマンショック直前に海外資産を買ってたらそれでも大損をしてたじゃないか！」などと反論される方もいるでしょう。

おっしゃる通りです。長期的に世界経済は拡大するということは、ほぼ確実です。しかし、それは右肩上がりに一直線に伸びていくということではありません。長期間にわたり成長が停滞したり、バブルの直後では縮小したりするときもあります。

確実に言えることはさらに長いスパンで見たときの経済成長は、経済が縮小するよりも拡大するほうが多いということだけです。

つまり、実際どの資産をいつ買うべきかを的確に予想し続けるのは不可能です。世界経済は長期的には必ず発展するのはほぼ確実であるのに、いつ投資をすべきかを予想するのは不可能だとするならば、いったいどうすればいいのでしょうか。

それを理解するために必要なのが、「経済の四つの季節」です。

経済の四つの季節を理解する

日本では四つの季節があります。春の次には夏、夏の次には秋、秋の次には冬が訪れます。季節が変わったというのは、前の季節と比べて気温や天候が変わることで認識することができます。

経済にも四つの季節があります。それぞれの季節に応じて投資するべき資産が決まります。

この季節は、一般的に知られている経済サイクルとは全く違う考え方なので気をつけてください。経済学の教科書で習う「景気循環（経済サイクル）の四つの波」では、好況、後退、不況、回復の四つの局面が順番に繰り返し現れるとされ、あたかも次にどのような波が来るか予想できるかのように書かれています。しかし、四つの季節はほとんどの人にとっては予想不可能なものです（なお、第6章では四つの季節の予想的中率を上げるために必要な基礎知識について話をします。自動投資では、四季とはどんなものであるのかを理解しておけば十分でしょう）。

では、経済の季節はどのようにして見分けるのでしょうか。景気がいい・悪いというのは、何と比べていい・悪いと言っているのでしょうか。

ポイントは、「一般論」が思っている水準と比べるということです。

一般論とは、世の中の人が、どのように景気をとらえているかということです。例えば、テレビやニュース、コンビニやキヨスクで売られている雑誌や新聞の見出し、電車の中吊り広告に躍る景気に関する言葉や、あなたが居酒屋で同僚と話す何気ない景気についての会話にも、一般論が表れています。

本書では、これらメディアや評論家たち、そして、世の中の人たちが行う予想や予測を総称して「一般論」という言葉を使って表します。例えば、「この先景気がよくなる」という言葉が頻繁に使われるとします。これが一般論です。

2013年にノーベル経済学賞を受賞したユージン・ファーマは、「金融商品の価格には、その価格を決定するすべての情報が盛り込まれている」という説を唱えました（効率的市場仮説）。つまり、一般論が思っていることは、実はすでに資産価格に反映されています。例えば、一般論が「経済はいい」と思っているのであれば、この思いは現在の株価水準としてすでに反映されています。つまり、一般論＝現在の資産価格水準と言えます。

このことを金融経済学では、「効率的市場仮説」と言い、市場は常に完全に情報的に効率的であるということを意味します。実例で説明しましょう。

2020年4月の時点ではコロナショックがもたらす経済への悪影響が毎日のように議論されています。一般論は、経済への悲観的な見方を持っていることは明らかです。そしてその悲観論はすでに資産価格にある程度反映されています。

この先メディアや評論家たちが思っている以上に景気がよくなった場合、私たちは「春」という季節にいるということです。

この先メディアや評論家たちが思っている以上に景気は悪かった場合、私たちは「秋」という季節にいるということです。

この先メディアや評論家たちが思っている以上に現金価値が下がったら（インフレになったら）私たちは「夏」という季節にいるということです。

この先メディアや評論家たちが思っている以上に現金価値が上がったら（デフレになったら）私たちは「冬」という季節にいるということです。

資産価格は、一般論と比べて、実際の景気と現金価値の推移で決まっていきます。

春の季節には株のような資産の価格が上がり、夏には実物資産のような資産の価格が上がり、秋には債券のような資産の価格が上がり、冬には債券、極度の冬であれば現金のような資産の価格が上がります（図表2－7）。

2-7　季節によって投資先は変わる

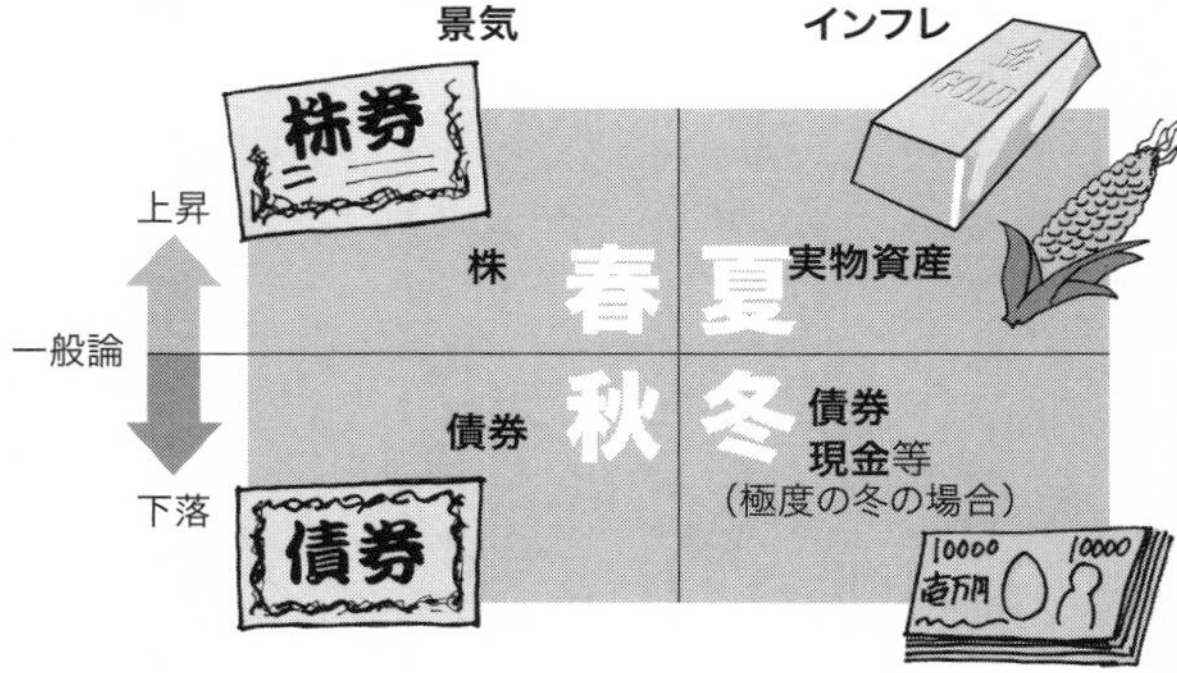

参考：Bridgewater Associates, LP. “The Allweather Story”

一般論というのは日々変動します。例えば、リーマンショック前までは、「今後も好景気が続くだろう」ということが一般論でした。しかし、リーマンショックが起こると、今度は、「今後しばらくは景気が悪いだろう」というように変化します。

また、アベノミクスの少し前までは、「デフレが続くだろう」と予測していたにもかかわらず、アベノミクスが始まった直後には、「デフレは終わるかもしれない」という予測に変わっています。

コロナウイルスのときも同様です。コロナウイルスの存在が明らかになった当初は、そこまで世界経済が悪くなるだろうと思っている人はいなかったはずです。その1カ月後に、世界中にウイルス感染が広がると、「戦後最大の経済危機」に一変しています。

このように、一般論は日々変動するので、日本の季節とは違って経済の季節に規則性は存在しないのです。春→冬→夏→冬→秋→夏といったように、人間の感情に影響されて、季節は不規則に変化します。ゆえに、季節の未来予測を的中し続けるのはほぼ不可能なのです。

実はこの四つの季節があることを理解すると、現金という資産を持っているということは、一般論が思っている以上に「極度の冬が続くだろう」という未来予測をして、投資をしていることになります。

この先、極度の冬が来るのかどうかは、私も予測できません。しかし、現金だけに投資するという「賭け」は、怖いもの知らずのギャンブラーがするような、極度に偏った超逆張りの行動だということを理解しておく必要があります。

（一般論についてより詳しく知りたい方は、170ページに進んでください）

分散投資でリスクがなくなる

欧米では定着している、初心者王道の勝ちパターンが存在すると言いました。この勝ちパターンはノーベル経済学賞を受賞した2人が提唱する理論によって支えられています。

一つ目が、ハリー・マーコウィッツ（ノーベル経済学賞1990年受賞）によって1952年に発表された「現代ポートフォリオ理論」と呼ばれています。この理論は簡単に言うと、「同じリターンを低いリスクで得る方法は、複数の資産に分散投資するのが有効」といったものです。

1952年以前はプロ投資家が個別資産を買うという手法が投資の主流でした。その後、2013年にノーベル経済学賞を受賞したユージン・ファーマが、資産価格の実証研究によって、前記の理論が有効であることを実証しています。この本で理論については深く言及はしませんが、彼らが言っていることはいたってシンプルです。

・一つだけの銘柄を持っているより、複数の銘柄のほうがいい。
・一つだけの資産を持っているより、複数の資産のほうがいい。
・一つだけの国の資産を持っているより、複数の国の資産のほうがいい。

例えば、トヨタという株だけ持っているよりは、日産やマツダにも分散したほうがいい。

自動車株だけ持つよりは、ＩＴ企業にも分散したほうがいい。日本株だけ持つよりは、米国やヨーロッパ株にも分散したほうがいい。株だけを持つよりは、債券や他の資産にも分散したほうがいいというものです。

ポイントは、お互い相関性の低い銘柄と資産を選ぶことで、最大の効果が得られるということです。このことを守るだけで、プロ級の投資家に匹敵するリターンを得られることが証明されています。

長期の投資でリターンが安定

世界の金融資産に分散することに加えて大事なポイントは、長期的に運用するという点です。図表２－８は５年後と20年後の投資収益を表したものです。

横軸はマイナス８％から14％までの収益率を表しています。縦軸の「出現頻度」とは、その収益がどのくらいの確率で起こるのかを表しています。保有期間が５年だと、収益の発現頻度にはばらつきがあることがわかります。５年間の中で、たまたま収益がよい時期に投資できれば、プラス14％の収益を得ることができますが、悪い時期に投資してしまうと、マイナス８％も資産が減ることになります。

先に述べたように、経済の四つの季節は長期的には必ずすべて訪れます。ただ、どの季節がいつ来て、いつまでその季節にいるかを予想することは困難です。短期投資だと、すべての季節が訪れる前に投資を止めてしまうことになるので、マイナスの収益を出して終わってしまうリスクが高くなるのです。

一方で、保有期間が20年になると、収益は2～8％で集中しています。一番高い確率で

2-8
国内外の株式・債券に、100万円を積み立て・分散投資した場合の収益率

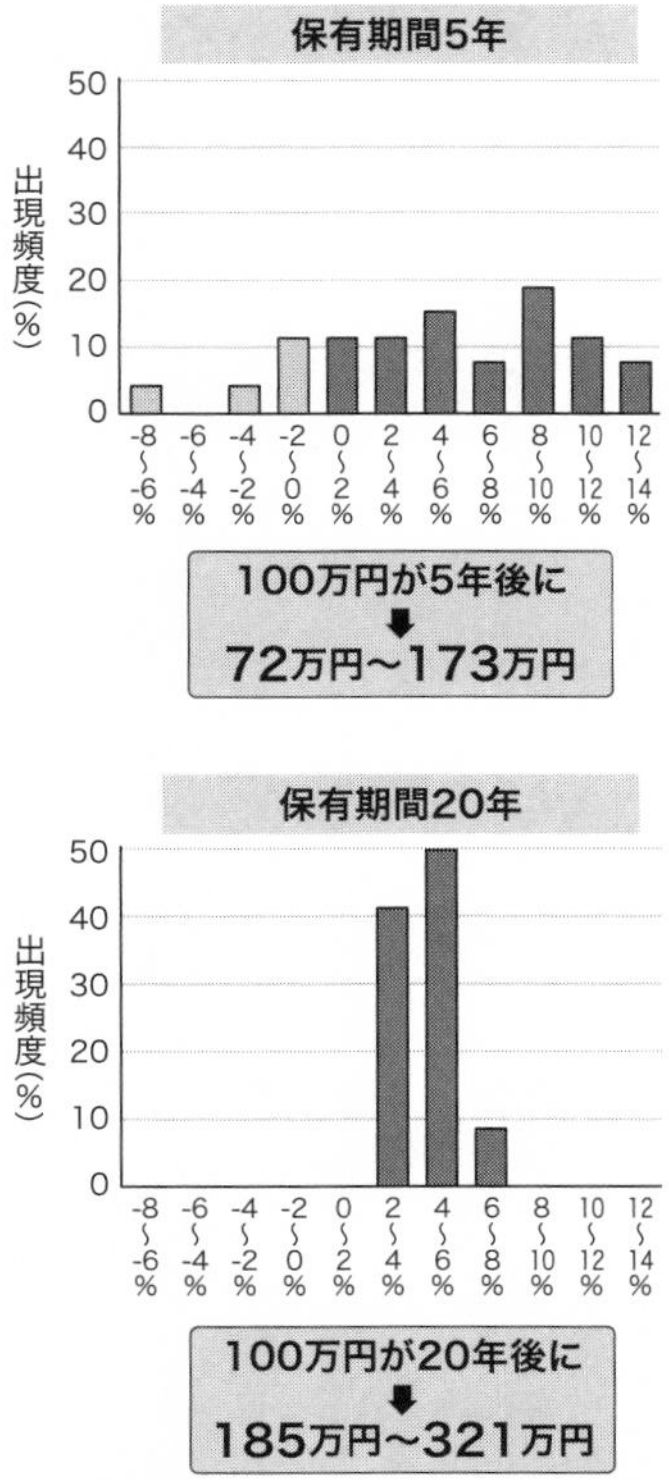

1985年以降の各年に、毎月同額ずつ国内外の株式・債券の買い付けを行ったもの。各年の買い付け後、保有期間が経過した時点での時価をもとに運用結果及び年率を算出（出典：金融庁「つみたてNISAについて」）

起こるのが4〜6%になっています。これらのグラフが意味するところは、20年という長い期間の中で四つの季節がすべて訪れる確率は高く、分散して投資をしていることによって、四つのアセットクラスで収益を上げる機会を得ることができます。

つまりは、投資の運用年数が長くなればなるほど、収益は安定し、確実に資産を増やすことができる、投資で失敗することはないということがわかります。

投資の環境が劇的に改善している

誤解③「投資には手間がかかる」や誤解④「投資にはまとまったお金がいる」の誤解も一気に解いていきましょう。

すでに何度か話をしてきた通り、現在、投資の環境は劇的に改善し、自動投資を行うには、手間暇はかかりません。また、投資を始めるのに大金も不要であり、全世界の株や債券や実物資産を買ったとしても約2万円程度で、ワンクリックで購入することが可能です。

数年前までは、一個人が、全世界の金融資産を少額で簡単に購入できるという技術がありませんでした。また、情報が一般の人には開示されていなかったため、金融商品を購入するための十分な知識がある人しか購入できるチャンスがなかったのです。投資する資金があっても金融知識がない人は、膨大な手数料を支払って投資家などに運用を依頼していました。つまり、お金も知識もないその他ほとんどの人は、世界のあらゆる金融商品を買うことなど到底無理なことだったのです。

しかし、ここ数年で投資環境は一変しました。専門的知識は不要。手数料がほぼゼロで、世界中の金融資産をワンクリックで誰でも買える時代になったのです。投資に手間がかかったり、まとまったお金がかかったりするということは過去の話であり、今では大きく環境が変わっています。

まとめ――科学的にほぼ確実にお金を増やす方法

ここまでの話を整理しましょう。

①投資とは未来予測である。
②ほぼ確実な未来予測とは、「長期的」に世界経済が拡大し続けること。
③経済構造と政治的理由により、現金価値は今までもこれからも下がり続ける。
④現金価値が下がる前に、他の資産と交換すればよい。

⑤すべての資産価格は、経済の四つの季節によって変動する。
⑥経済の四つの季節は、一般論の市場予測との比較で変化する。
⑦それぞれの季節に応じて、価値が上がる資産と下がる資産がある。
⑧経済の四つの季節はすべて必ず訪れるが、いつどの季節が来るかは予測不可能である。
⑨予測不可能なので、全世界の資産を一気に買う。
⑩少額かつワンクリックで購入することが可能な時代になった。

ほぼ確実な未来予測は、長期的に世界経済は四つの季節を行き来しながら拡大するということです。ですので、一つの季節だけに「賭ける」のではなく、すべての季節に分散して、長期的に投資すればいいのです。これが、長期、分散投資がよいとされる理由です。すべての季節に対応する全世界の資産を均等に持っていれば、現金だけを保有している場合と比べて、あなたの資産は、ほぼ確実に増やすことができます。

第3章

「自動投資（β）」システムを作る

自動投資システム唯一の黄金ルール

ここでは、これまでの話を踏まえて「自動投資」システムの具体的な作り方についてお話しします。このシステムを作るために守るべきルールがあります。その黄金ルールはたった一つ。それは、「無知税を払わずに、自動化する」ということです。

10年ほど前、私はA4用紙1枚を期限通りに提出しなかったがために、数千万円の無駄な税金を払うことになってしまいました。自分の命を削って一生懸命働いて稼いだ大事な大金が一瞬で消えたことで胸が張り裂けそうな気持ちになりました。

そして、今後一切「知らなかった」という理由でお金をドブに捨てることはしないと心に決めました。

私のように、「知らなかった」ことでお金をドブに捨てることを、「無知税」と呼んでいます。あなたがこの本で得たことを完璧に実践したとしても、無知税を支払い続けている限り理想のライフスタイルを実現することは難しいでしょう。持っているお金を増やすことも重要ですが、不要な支出を避けることも重要だからです。

無知税は2種類あります。無知による不要な納税と、無知による不要な手数料です。

無知による不要な納税

私が数千万円の損失を被ったのがこのタイプの無知税でした。消費税に関連する書類を期限通り提出しなかったことで数千万円の還付を受けられなかったのです。人間はこのような損失をすると誰かのせいにしたくなるものです。私も真っ先に税理士に電話をし、「なぜ教えてくれなかったんですか!?」と半泣きですがりました。

税理士からの返答は「私は言われた通りに申告するのが仕事です」の一言でした。

ショックの余り声も出ませんでした。

二度と同じ無知税を支払うことのないように、次の日アマゾンで消費税関連の書籍を買いあさったのを覚えています。当時はその税理士に憤りを感じましたが、今となれば彼の言う通りだったと思うようになりました。

あなたの資産をあなた以上に守りたいと思う人間はこの世には存在しません。

そして、資産を守るためには「無知税」を最低限に抑える必要があります。

投資においての最大の無知税とは、国からの贈り物と言っても過言ではない税制度を活用せず、支払わなくてもよい税金を払い続けていることです。

投資関連の税優遇制度はｉＤｅＣｏ《イデコ》、つみたてＮＩＳＡ《ニーサ》、ＮＩＳＡです。

この本を読んでいるあなたは、すでにこれらの制度を活用していて、無知税を支払っていないかもしれません。しかし、ｉＤｅＣｏの認知度はいまだ５割程度であり、ＮＩＳＡに関しては３割程度にとどまっています。いまだにたくさんの人が制度のことを知らず無知税を支払い続けています（ＫＤＤＩ株式会社「ワカモノの資産運用に関する調査２０１８」）。

ｉＤｅＣｏとは、個人型の確定拠出年金（私的年金）のことで、毎月積み立てたお金を退職時まで運用し、老後に受け取ることができる制度です。

確定拠出年金には、個人型確定拠出年金であるｉＤｅＣｏのほかに、企業型確定拠出年金（以下企業型ＤＣ）の２種類があります。

ＮＩＳＡとは、少額投資非課税制度のことで、利用できる期間や投資上限額、商品が異なるＮＩＳＡとつみたてＮＩＳＡの２種類があります。この二つは併用ができず、どちらか一方を選択する必要があります（２０２４年からの新ＮＩＳＡでは２階建てとなります）。

ｉＤｅＣｏは、ＮＩＳＡあるいはつみたてＮＩＳＡのどちらも併用することができます。

3-1 iDeCo・つみたてNISA・NISAの違い

	iDeCo	つみたてNISA	NISA
特長・解説	節税効果が一番高いのでまず第一に取り組むべき投資です。ただし、原則60歳まで引き出すことはできませんので、老後の生活資金のための「自動投資」という目的で行いましょう	少額の「自動投資」をしたい方にお勧めです。いつでも引き出しは可能ですが、「自動投資」のポイントは長期で行うものですので、最長非課税期間の20年間は引き出さないつもりで投資し続けましょう	運用商品や購入タイミングを自分で決められるというメリットがあります。「楽しむ投資」を行うときに活用できます
利用可能な期間	60歳まで	非課税期間 最長20年	非課税期間 最長5年
投資上限額	職業、他の年金制度への加入状況によって異なる	年間 40万円	年間 120万円
税制優遇	運用益の全額が非課税 投資した金額が課税時に所得から控除され、その分所得税・住民税が軽減 受取時も一定額まで非課税	運用益の全額が非課税	運用益の全額が非課税
引き出せるタイミング	原則60歳まで 不可	いつでも可能	いつでも可能
運用できる商品	投資信託 定期預金 保険商品	投資信託(国が定めた基準を満たした長期投資向けのファンドに限定)	投資信託 国内株式 外国株式

＊2024年よりNISA、つみたてNISAは制度が改正される

無知による不要な手数料

同じトイレットペーパーが、ある店では300円、他店では500円で売っていたとしたら、もちろん、安い方を買いたいと思うことでしょう。

投資の世界では、全く同じ商品なのに手数料がほぼタダで購入できるところと、3%もかかる金融機関があります。モノを買うときには、ネットで価格比較をするのは当たり前になっていますが、投資商品の手数料比較も同じようにボタン一つでできます。

ところが、そのことを知らないがために、金融機関に不要な無知税を払い続けている人が非常に多いのです。そして、残念ながら金融機関の中には中身は同じであるのに、投資商品の名前を少し変えて高い手数料を徴収しようとするところが存在します。

金融機関であれば、お勧めの商品をアドバイスしてくれるし、安心だということで利用している人も多いものです。しかし、手数料が高いほど信頼できるいい商品だというのは、お金業界のまやかしです。

金融商品には、お勧めの商品も的確なアドバイスも存在しません。実際は手数料の安い商品を提供できる会社ほど優良です。パッシブ投資を普及させた会社で世界一の運用金額

フィデリティ・USリートB(H無)　★★★★
投信会社名：フィデリティ投信
基準価額
2,802円
2020年06月26日
前日比
44円（1.6%）
純資産
540,371百万円
カテゴリー
国際REIT・特定地域（F）
評価基準日　2020年05月31日
リスクメジャー
3（平均的）
スナップショット　リターン　チャート　分配金　レーティング&リスク　コスト　ポートフォリオ　ニュース　販売会社　目論見書
販売会社
販売会社比較　購入金額：100万円未満　購入金額を選んで手数料を比較してみましょう。
1-15件を表示(全65件)
前へ｜1 2 3 4 5｜次へ
販売会社　購入金額（千円）　手数料率（税込）　ネット購入　インフォメーション
フィデリティ証券　10から　0%　○　ネットで全ファンド購入時手数料0%(無料)!
ジャパンネット銀行　10から5,000　2.2%　○　--
SBI証券　--　--　○　--
楽天証券　--　--　○　ポイントが貯まる！使える！
SMBC日興証券　--　--　--　--

モーニングスターのサイト画面の一例

を誇るバンガード社、ブラックロック社が提供している商品の中には、格安で購入できるものがたくさんあります。

今では手数料やコストを比較するために自分で一つずつ調べる必要もなく、モーニングスターのような投資信託評価の企業のサイト（www.morningstar.co.jp）で瞬時に比較することができます。投資環境はここまで改善し、手軽になっているのです。

では、金融機関ではなく、今流行りのロボアドバイザーを使うのはどうでしょうか。

ロボアドバイザーとは、あなたにあった資産運用のプランを提案したり、あなたに代わって資産運用を自動的にしてくれたりするサービスです。人件費がかかっていない分、安くなっていると思われる方もいるでしょう。

現在、平均的なロボアドバイザーの手数料は1~2%。金融機関の手数料に比べると幾分安いことは確かであり、そのため、ここ数年で利用する人が増えています。

ところが、1~2%という数字を侮ってはいけません。特に長期的な運用になる場合、手数料の額はわずかなものであっても相当なものになるからです。

3-2　手数料の違い

金融機関	2〜3%
ロボアドバイザー	1〜2%
自動投資	0.1〜0.2%

これに対して、これから紹介する自動投資を自分で実践した場合にかかる手数料は、0・1~0・2%。この手数料の違いが、10年、20年と投資を継続した場合に、どのくらいの差になるのかを知っているでしょうか。

例えば、20年間で月々5万円を積立てたとしたら、2%と0・2%の手数料の差は、なんと400万にもなります。同じ商品を買って、余分に400万円を支払いたいとは思わないはずです。でも、実際に多くの人がこの無知税を支払ってしまっています。

しかも、金融機関やロボアドバイザーの言い値で投資を行ったとしても、一切の学びはなく、一生ロボットに「依存」し続けなければいけません。

反対に、自身で自動投資を行えば簡単に資産が増えるシステムを作れて、しかも投資について誰かに依存することなく、自分の人生の舵を取ることができます。

さらに、そこで得た資産と知識は、あなただけのものではなく、愛するご家族や子供たちにも継承することができます。

自動化しないとうまくいかない

自動投資はその名の通り一度始めたら、手を付ける必要がほとんどありません。そして、手を付ければ付けるほどあなたが得られるリターンは減っていき、理想のライフスタイルが遠ざかります。皮肉にも「何もしない」ことができずに失敗する人が多いのです。自動投資はできる限り不要な時間と労力を浪費せずに、後に説明する「楽しむ投資」と「教養投資」に充てることで理想のライフスタイルが近づいてきます。

「自動化」には四つの要素があります。

①優先順位の自動化
②投資金額の自動化

③投資タイミングの自動化
④銘柄買付の自動化

あらかじめ定められた優先順位に従って、決められた金額を、決められたときに、決められた銘柄へ自動的に投資することで最低限の時間で最大限のリターンを享受できます。

①優先順位の自動化

自動投資には優先順位があります。まず、損をせずに確実に資産が増える可能性が高いものから投資していきます。資金が残っているなら、次に損をしないで確実に資産が増えるものに投資していきます。それでも資金が残っているなら次のレベルに行きます。

ポイントは、無知による納税が低い投資から上限いっぱいにしていくということです。

具体的には、次の順です。

①iDeCo、企業型DCなどの確定拠出年金を上限いっぱいに使う（還付金がある）
②NISA、つみたてNISAを年間上限いっぱいに使う（配当金、譲渡益等の利益が非課税）

③税金が低くて、損益通算できる金融商品（税率が20・315％）
④税金が以下の通りで、損益通算できない金融商品（税率が所得に応じて5～45％、住民税10％）

損益通算とは毎年1月1日から12月31日までの間に、金融商品などの売買を行った際に発生した利益と損失を相殺することです。

例えば、個別株で100万円プラスになり、日経平均株価に連動した投資信託でマイナス100万円になった場合、利益と損失を通算して税金をゼロにすることができます。

一方で別の例として、株式で100万円プラスになり、投資信託ではなく日経平均先物という金融商品で100万円マイナスになった場合は、損益通算ができずに利益に対して20万ほどの税金を払う必要があります。

先物の金《きん》で利益が出て、上場株式で損をした場合は損益通算ができません。しかし、先物の金ではなく金価格に連動したＥＴＦ（上場投資信託）を買えば損益通算ができるようになります。

この損益通算のことを知らないがために、いらない税金をたくさん払っている人がとて

3-3　損益通算できるグループ

も多いのです。これが、無知税の代表格ともいえるものです。

損益通算をして無知税を払わない方法がたくさんあります。

例えば、図表3－3は損益通算できるグループを表しています。「株式・投資信託・債券」のグループ、あるいは、「先物・オプション・FX」のグループ内ではプラスとマイナスは相殺できます。

ですので、投資商品を選ぶ際には、「損益通算」という言葉を忘れずに行ってください。

②投資金額の自動化

自動投資では、投資金額をあらかじめ決めます。その金額を増やせば増やすほど理想のライフスタイルは近づき、減らせば減らすほど遠ざかります。

3-4　いいタイミングを逃すとこれだけ損をする

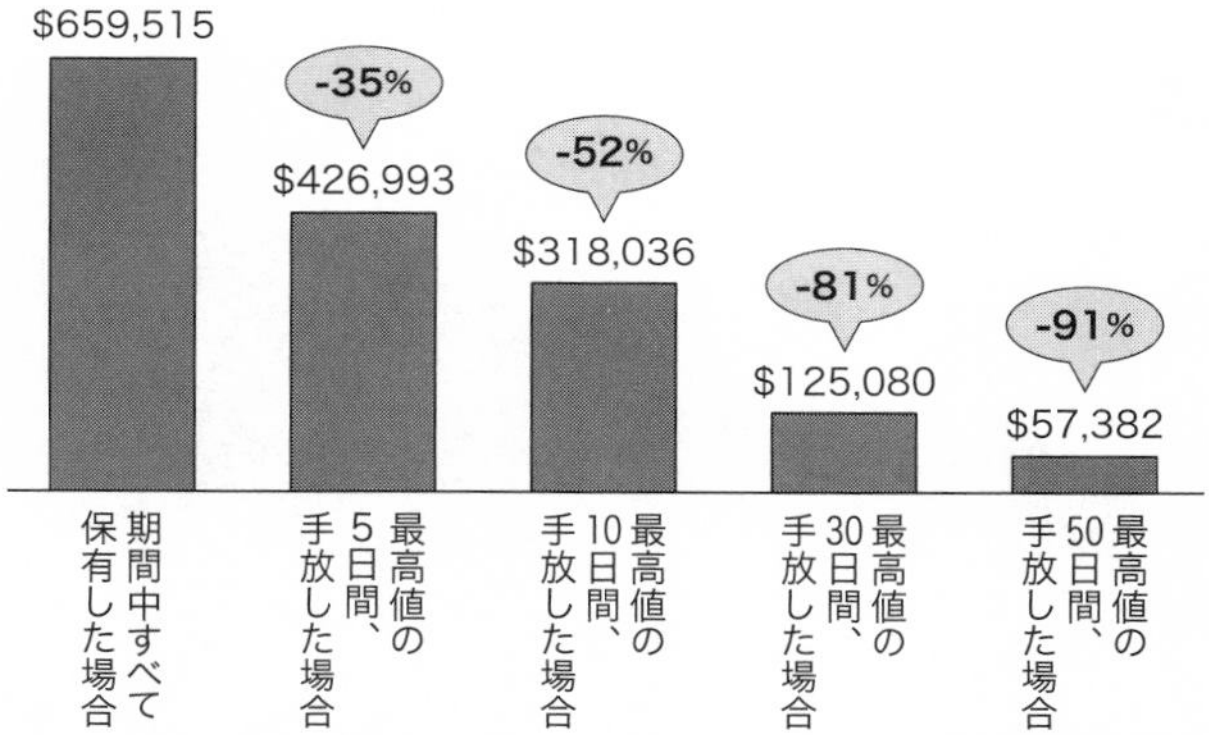

1980年１月１日～2018年12月31日まで、S&P500（米国大企業500社の株式）に１万ドルを投資した場合の仮説上の結果（出典：FMRCo, Asset Allocation Research Team. “9ways to achieve your long-term plan”）

仮にあなたの理想のライフスタイルが7000万円（約66万ドル）で実現できるとしましょう。1980年に1万ドル（約106万円）だけ米国の株式市場に投資してそれ以降何もしなかった場合、38年後に理想のライフスタイルが手に入ります（図表3－4）。

仮に、この38年間で5日間だけ価格が一番上がっていた日に株を持っていなかった（その前に現金化してしまった）場合、何もしなかったときと比べて約23万ドル（約2500万円）損します。30日間の場合は何もしなかった場合と比べて約53万ドル（約5700万円）損します。

ポイントは、価格が最も上がった日を

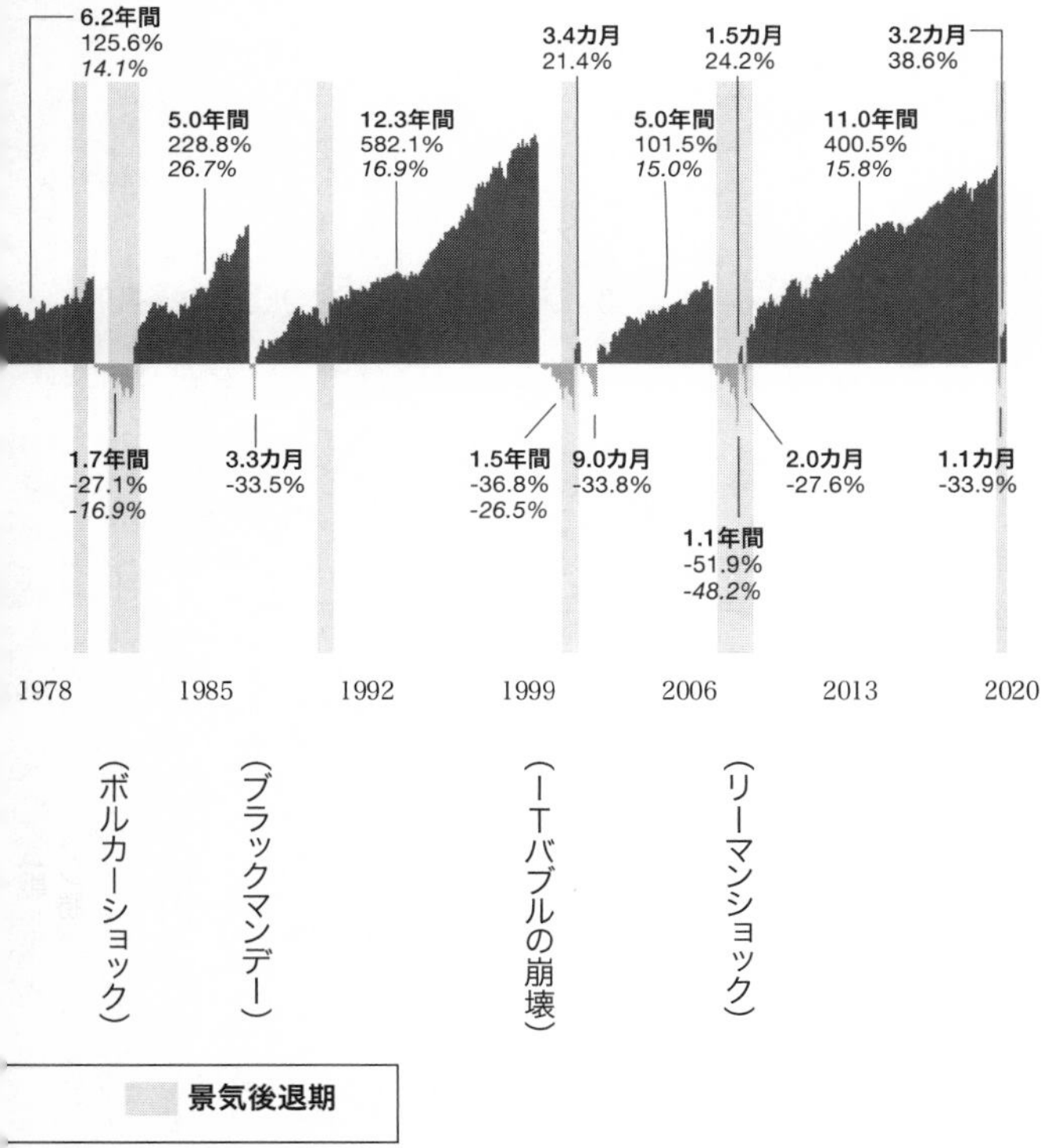
6.2年間
125.6%
14.1%
5.0年間
228.8%
26.7%
12.3年間
582.1%
16.9%
3.4カ月
21.4%
5.0年間
101.5%
15.0%
1.5カ月
24.2%
11.0年間
400.5%
15.8%
3.2カ月
38.6%
1.7年間
-27.1%
-16.9%
3.3カ月
-33.5%
1.5年間
-36.8%
-26.5%
9.0カ月
-33.8%
1.1年間
-51.9%
-48.2%
2.0カ月
-27.6%
1.1カ月
-33.9%
1978
1985
1992
1999
2006
2013
2020
（ボルカーショック）
（ブラックマンデー）
（ITバブルの崩壊）
（リーマンショック）
景気後退期

3-5　米国株式市場の歴史

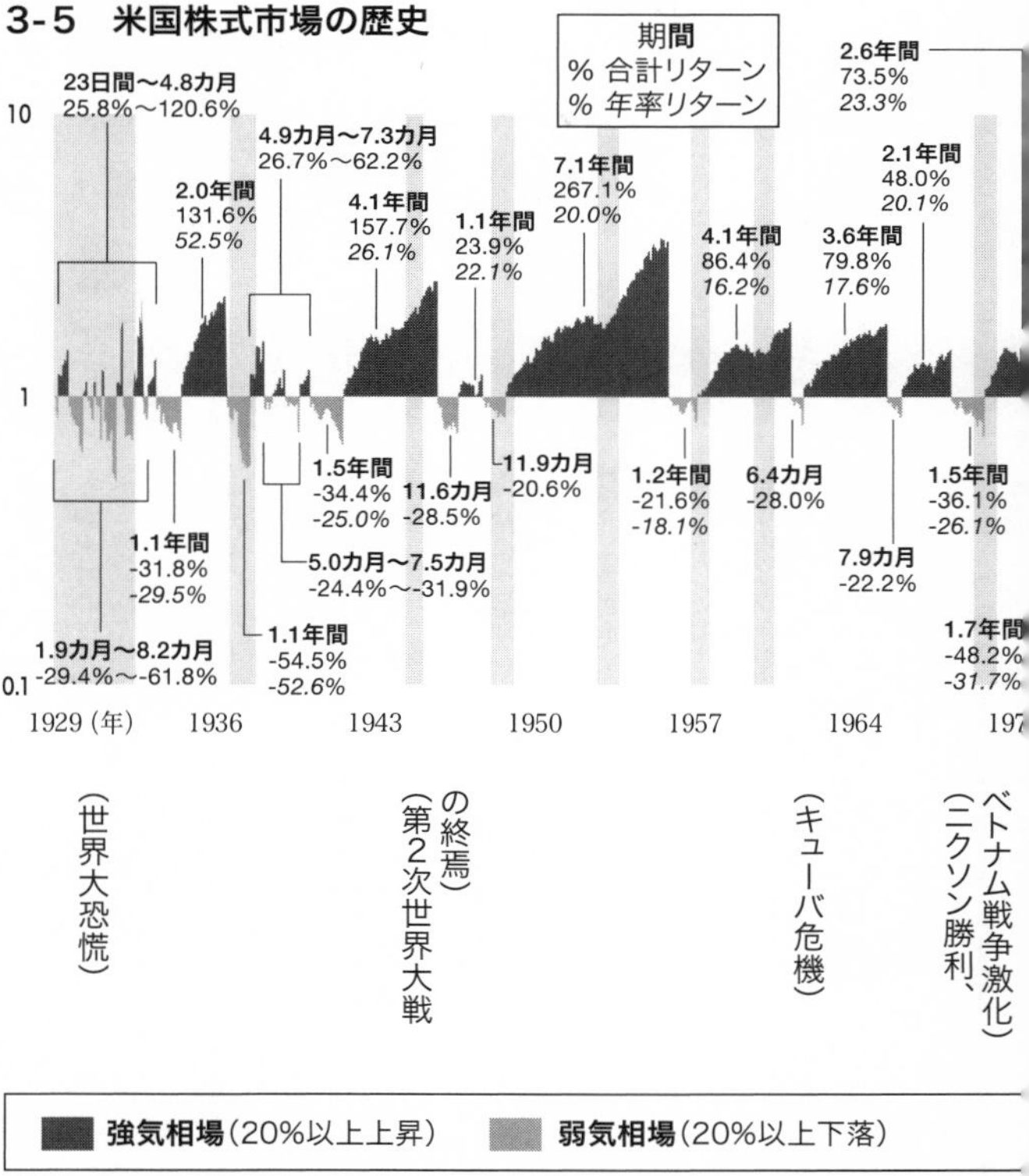

S&P500インデックスのトータルリターン（対数スケール）。（1929年９月16日から2020年６月30日までの毎日のリターン。期間が１年未満の場合、年換算利益は表示されない）（出典：First Trust Advisors L.P., Bloomberg.“History of U. S. Bear & Bull Markets”）

逃すと大きな損をするということです。

多くの得や損は、相場が大きく動いた数日間の価格変動によってもたらされます。その数日間は、いつ来るか予想できません。

ずっと投資をしていれば得することができたのにもかかわらず、38年間の中でたまたま高騰した日を数日だけでも逃すとパフォーマンスが激減するのです。

では、リーマンショックやコロナショックのような大きな経済ショックの場合でも自動投資は続けるべきなのでしょうか？

図表3－5は1929年から現在までの、米国S&P500指数の強気相場と弱気相場の期間と規模を示しています。強気相場とは20％以上の下落後に大きく上昇したことを言います。弱気相場は高値から20％以上下落したことを言います。

強気相場の平均期間は2・7年で上昇幅は111・7％に対して、弱気相場の平均期間は9・5カ月で下落幅はマイナス35・5％でした。

つまり、自動投資をやめるどころか経済ショックのときこそ投資を積極的に行うタイミングであることがわかります。

③投資タイミングの自動化

5人の架空投資家がいたとしましょう。それらの投資家に、20年間毎年元日に2000ドルが渡されます。20年間で合計4万ドルです。それぞれの投資家は2000ドルを自分の好きなタイミングで米国株式市場に投資できます。

1人目は「神投資家」です。神投資家はその年の中で一番安く投資できる日を完璧に20年間予測できます。そして20年間毎年一番安いときに着実に投資していきます。

2人目は「速攻投資家」です。この投資家は本業が忙しく、投資に使う時間を最低限に抑えたいと思っています。速攻投資家は2000ドルが着金になった瞬間、できる限り早いタイミングで全額を速攻で投資していきます。

3人目は「堅実投資家」です。この投資家も速攻投資家に似ていて本業が忙しいのですが、もらったお金をすべて一気に投資する気にはなれません。高いときに買ってしまったらどうしようという思いがあるからです。堅実投資家はこのリスクを抑えるために「ドルコスト平均法」という手法を使い、この2000ドルを12分割にして毎月投資していきます。

3-6　投資のタイミングはいつがベスト？

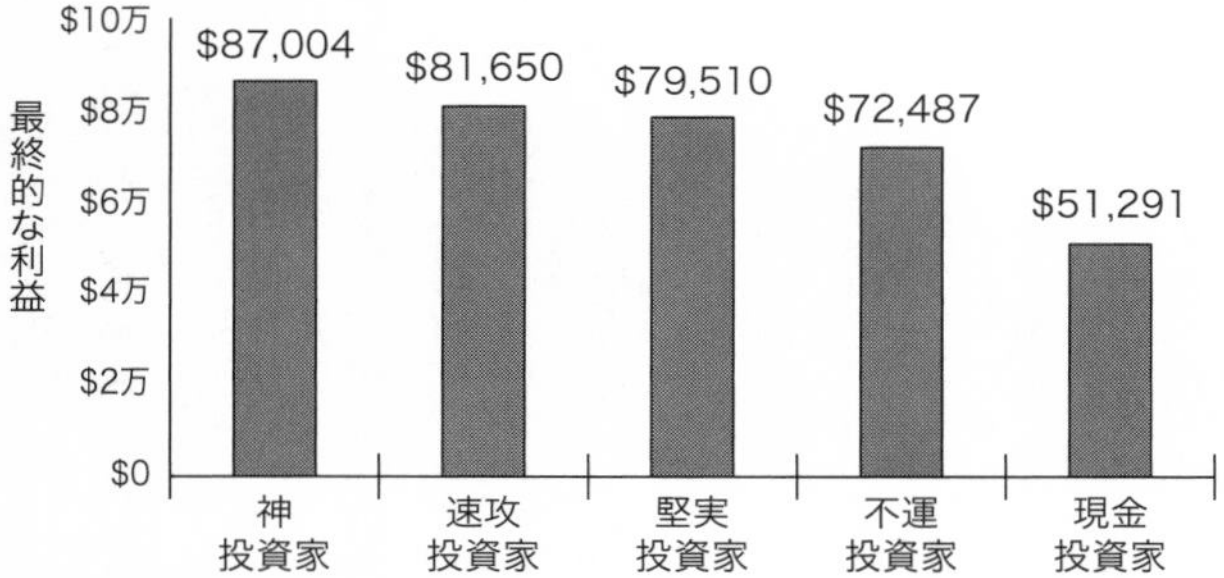

1993〜2012年の20年間、S＆P500に対して架空の年間2000ドル投資を行った場合の結果。現金投資家は米国短期国債（銀行預金金利）を享受していると仮定。またこの図には税金や手数料などの費用は勘案されていないため、あくまで参考程度にご活用ください（出典：Mark W Riepe. "Does Market Timing Work?" Charles Schwab）

４人目は「不運投資家」です。この投資家は神投資家の正反対で20年間その年の中で一番高い日に投資をしてしまいます。

５人目は「現金投資家」です。現金投資家は現金がもたらしてくれる架空の安心が手放せないでいます。何かあった時に現金を手元に置いておこうということで20年間銀行口座に入れています。

さて、これらの違ったタイミングで投資した投資家のお金はどれだけ増えたのでしょうか（図表３－６）。

パフォーマンスが一番よかったのはお察しの通り、神投資家です。もしこの世に神投資家が存在するのであれば、この人のリターンは４万７００４ドルでした。

次にパフォーマンスがよかったのは、実は堅実投資家ではなく速攻投資家でした。速攻投資家のリターンは4万1650ドル。

その次が堅実投資家で3万9510ドルのリターンを得ています。速攻投資家と比べて僅差ですが、ハラハラドキドキせずに投資できました。

そして不運投資家のリターンは3万2487ドルです。あらかじめルールを決めて投資を行った速攻投資家や堅実投資家と比べてたくさんの時間を使ったにもかかわらず、不運にも多くの利益を逃して悔しい思いをしています。

そして現金投資家のリターンは1万1291ドル。米国銀行に預金をしたことで日本の銀行と比べて高い預金金利が得られていますが「架空の安心」のために支払った代償は非常に大きい金額となりました。

そして2012年は、投資を始めた1993年と比べて物価が2万5000ドルほど高くなっています（アメリカ合衆国労働統計局のサイト“CPI Inflation Calculator”より）。

つまり、現金投資家は実質的には損をしたことになったのです。

ポイントは、投資の最適なタイミングを予想しようとするより遥かに重要なのは、できる限り早く投資をすることです。私は速攻投資家のように1年分を年初に全額投資する勇気はないので、堅実投資家のように毎月決まった金額をあらかじめ決めて投資するようにしています。

サミ流銘柄選び（④銘柄買付の自動化）

次に銘柄選びについて話をしましょう。

経済の四つの季節の資産に分けて投資すればいいとお伝えしましたが、肝心な具体的銘柄はどのように選べばいいのでしょうか。また、各銘柄の資産配分はどのようにしたらいいでしょうか。

四つの季節に均等に「投資金額」を4等分すればいいのかというと、そうではありません。例えば投資資金100万円あるなら、春に25万円、夏に25万円、冬に25万円、秋に25万円という分け方は推奨しません。なぜかというとそれぞれの季節での投資商品の値動きの幅が違うからです。

値動きの幅を金融用語では「リスク」と言い、詳しくは第4章で説明しますが、債券より実物資産のほうが値動きは激しいものですし、実物資産より株のほうがその動きは激しいのです。そのため、単に4等分した均等な金額ではなく、均等な「リスク」配分にすることが必要です。

シンプルだと思っていた投資が、少し難しく感じられてきた方もいるかもしれません。しかし、安心してください。

幸いにも投資銘柄やその配分を、私たちが自分で考える必要はありません。投資の世界で、成績が一番いい投資家の銘柄を参考にして同じような銘柄を選択すればいいだけです。

これらの銘柄等の情報が載っている米国の書類は「フォーム13F」と呼ばれ、一定規模以上の機関投資家が米国上場証券を、どれだけ持っているかを届け出なければならないという決まりがあります（実質株主開示制度）。

米国株だけとはいえ、この書類が公開されているおかげで、ヘッジファンドや有名投資家の持っている資産が一目瞭然にわかるようになっています。ただし、この書類は英語で書かれており、そこの中から必要な情報を収集し参考にするということは容易ではないでしょう。

でも、ご安心ください。左記の通り重要な部分だけを集め、さらに簡素化してまとめました。

①EL-Erianポートフォリオ：株式51％、債券17％、実物資産32％
②レイ・ダリオの全天候型ポートフォリオ：株式30％、債券55％、実物資産15％
③均等4分の1ポートフォリオ（Permanentポートフォリオ）：株式25％、短期債券25％、長期債券25％、実物資産25％
④バフェットポートフォリオ：株式90％、債券10％

①EL-Erianポートフォリオとは、PIMCOという世界最大の債券ファンドの元CEOであったモハマド・エル・アリアンの書籍で紹介されている安定してパフォーマンスがいいものです。
②「レイ・ダリオの全天候型ポートフォリオ」とは、世界最大のヘッジファンド、ブリッジウォーター率いるレイ・ダリオ氏が提案するもので、経済の四つの季節のどの状況でも対応できるものです。
③均等4分の1ポートフォリオ（Permanentポートフォリオ）は、パーマネント、つまり永続的に安定したリスクとリターンを得られるというもので、これも四つの経済状態があ

3-7 代表的なポートフォリオの成績

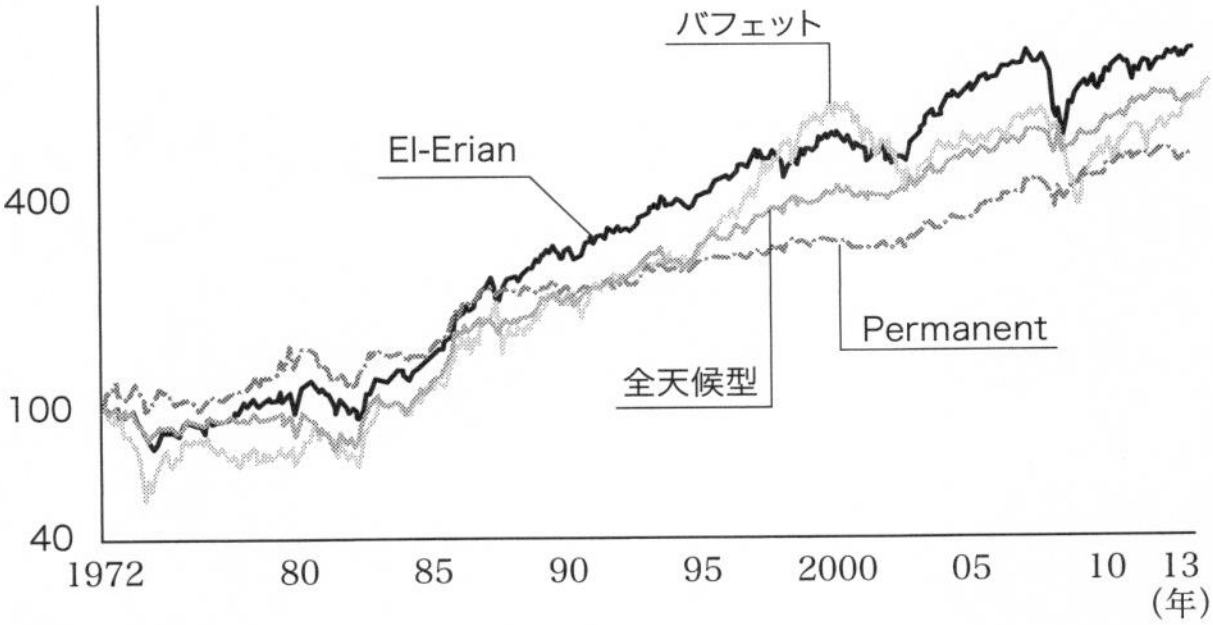

（出典：Meb Faber. “Global Asset Allocation” 2015 ※元図よりGAA、Marc Faber、60/40、Arnottのポートフォリオの成績は省略している）

ることを前提に作られています。レイ・ダリオの全天候型と同じように、それぞれの経済の状況によって、有利な資産は異なるので、すべての資産を保有するようなポートフォリオにしようというものです。ちなみに、これは、多くのロボアドバイザーが行っています。また、日本の多くの証券会社が勧めているポートフォリオでもあります。四つのポートフォリオの中では現在のところ、一番パフォーマンスがよくありません。

④バフェットポートフォリオとはウォーレン・バフェットの投資配分ですが、彼は資産配分をせずにほとんど個別株しか持っていません。

それでは、これら超一流のプロ投資家の過去

3-8　手数料の効果は？

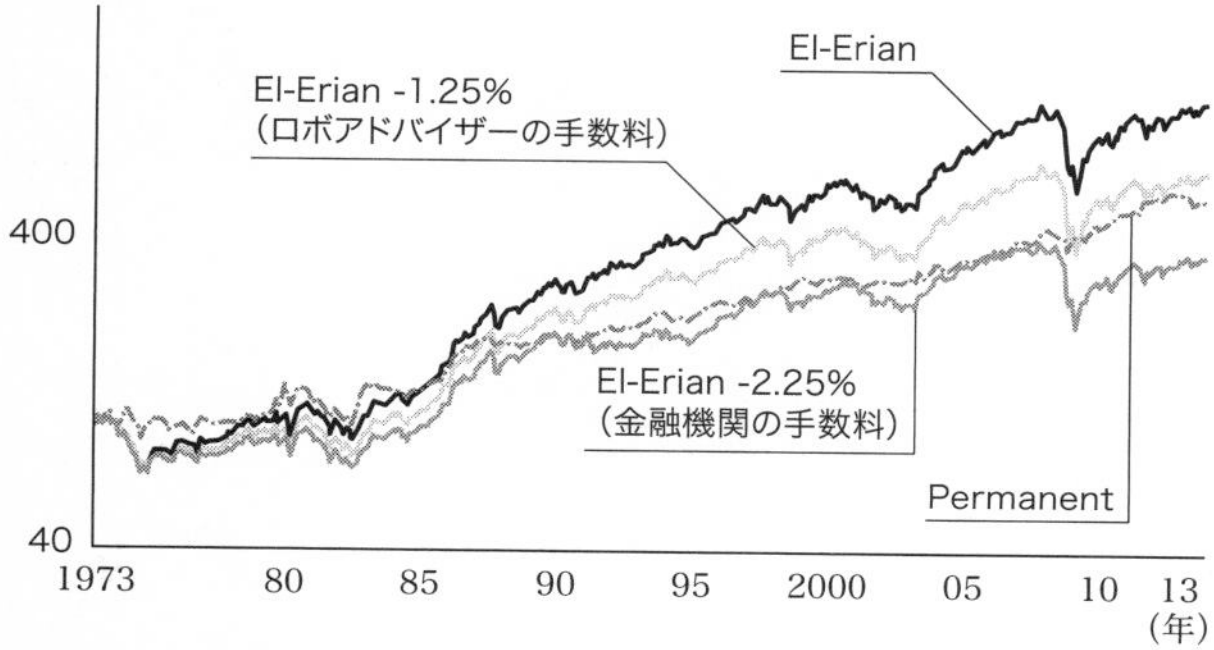

（出典：Global Financial Data, Meb Faber. "Global Asset Allocation" 2015）

50年間運用した成績をお見せしましょう（図表3-7）。

なんと、四つのポートフォリオ間でのそれぞれの結果には差が出ず、そこまで変わらなかったのです。

名目リターンは8〜10%、実質リターンは5%程度です（元図から省略している四つのポートフォリオを含む）。つまり、銘柄選びはこれらのポートフォリオを真似て参考にするだけでいいのです。銘柄選びの部分で、不要な時間や労力を使うことより重要なのは、現金価値が下がり続ける前に投資額をとにかく増やすことなのです。

さらに、これらのリターンから無知税を引いてみましょう。ここでは一番成績がよかったEL-

Erianと、一番冴えなかった均等4分の1（Permanent）ポートフォリオを例にとります。
図表3－8の中で一番成績がいいのは、当然、手数料を支払っていない場合のEL-Erianポートフォリオです。

それに対して、金融機関に2・25%の手数料を支払った場合は、最低の結果になりました。

ロボアドバイザーに1・25%手数料を支払った場合はどうでしょうか？　先ほどご紹介した四つのポートフォリオの中で一番成績が悪かったPermanentポートフォリオとほぼ同じくらいにまで下がっています。

この図の結果からわかることは、「手数料をいかに抑えるか」が極めて重要だということです。

つまりは、超一流のプロの投資家の真似をして銘柄選びや配分を行うとともに、できる限り手数料が少なくなるようにすればいいのです。

自動投資（β）を始める8ステップ

自動投資には八つのシンプルなステップがあります（詳しい設定は紙面上の都合で割愛し

ますが、興味ある方のために126ページからPDFをダウンロードできます)。

ステップ1　銀行口座開設

ATM手数料、振込手数料、為替手数料が安くて証券口座への自動引き落としができる銀行を選びます。私は住信SBIネット銀行をお勧めしています。

ステップ2　証券口座開設

手数料が安く、取り扱い商品が多く、自動買付ができる証券会社を選びます。

私はSBI証券をお勧めしています。主要ネット証券の中では国内株式手数料が最低水準、投資信託取扱数は1位、口座数も1位、そして前記の住信SBIネット銀行との資金移動の相性もいいのです。国内株式だけでなく、投資信託や国内ETF(Exchange Traded Fund=上場投資信託)、米国ETFなどさまざまな金融商品の買付手数料が実質無料です。

ステップ3　iDeCo・NISA口座申し込み

口座開設の申し込みと同時にiDeCoとつみたてNISAか、NISAの申し込みを済ませます。

ステップ4　証券口座へ入金

初月に投資する金額をあらかじめ証券口座に入金します。

ステップ5　ポートフォリオの決定

左記の代表的なポートフォリオの中から、自分にあった配分を決めて、自分の証券会社でそれにあった一番手数料の低い銘柄を探して選びます（バフェットのポートフォリオは株に90％投資していますので、リターンが高いときもありますが、価格の振れ幅〈リスク〉も大きく、世界中の資産に分散されていないので除外しています）。

①レイ・ダリオの全天候型ポートフォリオ：株式30％、債券55％、実物資産15％

米国のファンドマネジャーのレイ・ダリオ氏によって提唱されたもので、経済の四つの季節が何になるのかは予想困難なので、各季節に対応した資産を少しずつ組み入れて、どんな季節でもリターンを得られるようにしたものです。

②Permanentポートフォリオ：株式25％、短期債券25％、長期債券25％、実物資産25％

米国のハリー・ブラウンによって提唱されたもので、経済の四つの季節で、有利な資産は異なり、タイミングを見るのは不可能であるので、すべての資産を保有するというものです。

③グローバル・アセット・アロケーションポートフォリオ：株式46％、債券38％、実物資産16％

資産を株式・債券・不動産・外貨・現金などの複数の異なる資産に配分し、さらに、国や地域においても分散させてリターンを獲得するというものです。

④60／40ポートフォリオ：株式60％、債券40％、実物資産0％

株式60％、債券40％という配分の古くから存在するポートフォリオです。

⑤Arnottポートフォリオ：株式30％、債券40％、実物資産40％

Rober. D. Arnottが提唱したポートフォリオです。

⑥EL-Erianポートフォリオ：株式51％、債券17％、実物資産32％

EL-Erian氏が提唱したポートフォリオです。

3-9　投資信託のイメージ

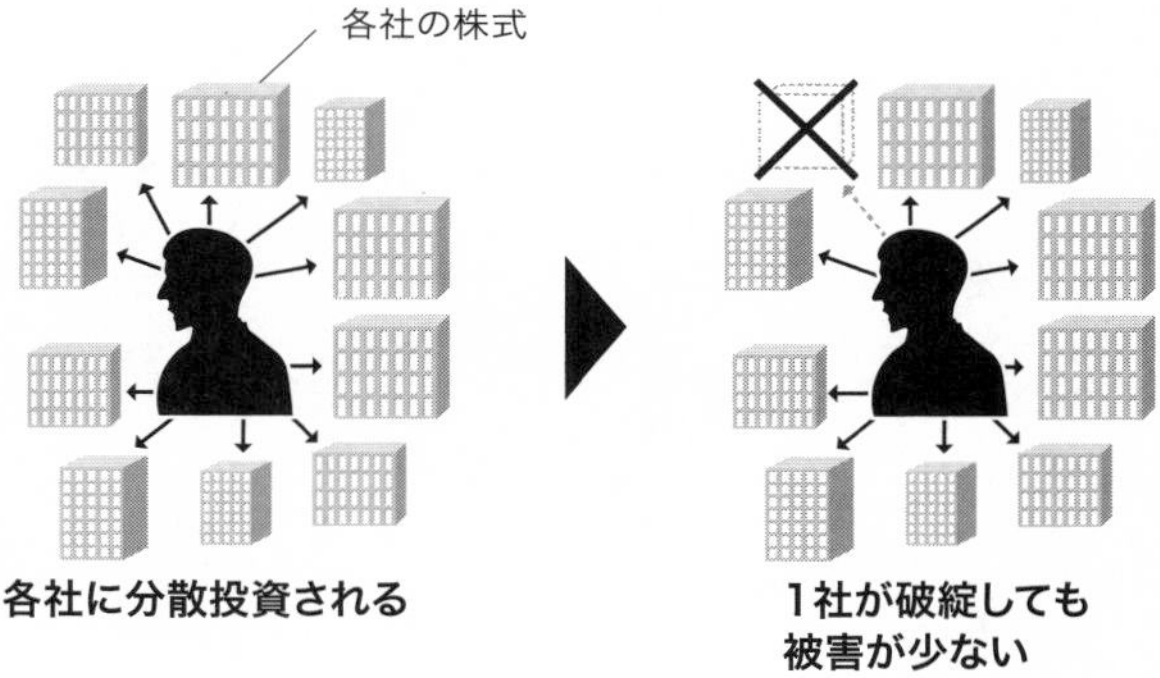

ステップ6　投資銘柄の決定

まず投資信託・ETFについて説明しましょう。

80ページでも述べているように自動投資は分散投資が基本です。個別銘柄よりたくさんの銘柄を保有した方がリスク（価格の振れ幅）が小さくなるからです。

投資信託やETFはたくさんの資産が入った詰め合わせのようなものなので分散効果が得られます（図表3－9）。

投資信託はつみたてNISA、NISA、iDeCo等の税優遇制度に幅広く活用でき、100円以上から投資できるためメリットがあります。

他方でETFは制度の対象になっている銘柄数は少なく、投資金額の指定ができないのですが、手数料が安く、海外資産に手軽に幅広く投資できるというメリットがあります（図表3－10）。

この本では参考のために過去のパフォーマンスが一番よかったEL-Erianのポートフォリオを使った銘柄を選びます。

月々6万8000円を投資できる人を想定してみましょう。

自営業の場合は掛け金の月額拠出限度額が6万8000円ありiDeCo内でポートフォリオが構築できるのに対して、企業年金がない会社員の場合は2・3万円と限度額が下がるためNISA制度を併用しながら投資をしていくことをお勧めします（図表3－11・3－12）。

ステップ7　自動引き落とし設定

毎月の投資金額を決めて、証券口座へ投資資金が毎月自動的に振り込まれるように銀行口座の自動引き落とし設定をします。

3-10　個別銘柄とETFと投資信託の違い

	個別銘柄	ETF （上場投資信託）	投資信託
上場	○		×
取扱窓口	証券会社		販売会社
取引可能時間	取引所の取引時間内		販売会社に定められた時間内
最低投資額	株価次第（金額指定できない）		100円から
取引価格	市場価格（リアルタイム）		基準価格 （1日1回算出）
分散投資効果	×	○	○
保有費用	なし	一般的に信託報酬より安い費用	信託報酬
制度(NISA、iDeCoなど)の対象	幅広い選択肢	少ない選択肢	幅広い選択肢
誰向け？	経験豊富なプロ	原資月1万円以上の経験問わず	原資月1万円以下の初心者

3-11　EL-Erian のポートフォリオ（自営業の場合）

アセットクラス	銘柄	割合	金額	無知税対策
株式	ニッセイ外国株式インデックスファンド	51%	34,680円	iDeCo口座で購入
債券	eMAXIS Slim先進国債券インデックス	17%	11,560円	iDeCo口座で購入
実物資産	VAW*1	32%	21,760円	NISA口座で購入
	合計	100%	68,000円	

3-12　EL-Erian のポートフォリオ（企業年金がない会社員の場合）

アセットクラス	銘柄	割合	金額	無知税対策
株式	ニッセイ外国株式インデックスファンド	34%	23,000円	iDeCo口座で購入
株式	VT*2	17%	11,560円	NISA口座で購入
株式合計		51%	34,560円	
債券	BND*3	17%	11,560円	NISA口座で購入
実物資産	VAW	32%	21,880円	NISA口座で購入
	合計	100%	68,000円	

＊1：ETFの銘柄の一つで、バンガード・米国素材セクター ETFという
＊2：世界の株式に投資できる海外ETF
＊3：米国の国債、社債などに投資できるETF
注1：銘柄は参考で購入推薦をしているわけではありません
注2：企業年金がある会社員や確定拠出年金のみある企業は、iDeCoに拠出できる金額が違いますので、その分iDeCoの配分を下げてNISAに振り分けてください
注3：銘柄、税制は変動するので自己責任で調べて行うようにしてください
注4：ETFは金額指定ができません。金額と割合は目安です

ステップ8　銘柄の自動買付設定

ステップ6で決めた銘柄の自動買付設定を行います。

「自動投資（β）」で老後の生活不安は消える

35歳の人が、60歳までの25年間に月々6万8000円を年利5％で運用した場合の例をシミュレーションしてみます。

元本が約2000万円で、5％の利益が約2000万円なので、合計で約4000万円となります。毎年所得控除された還付金の約2万4800円をつみたてNISAを使って20年間、5％で運用すると約1200万円の資産になります。元の運用リターン額の4000万円と1200万円を合計すると、5200万円になる計算です（ケースA）。

60歳で退職したとすると、その後は一部を取り崩して、残りは5％で運用していきます。75歳以降は、運用をしないで取り崩すだけとして、100歳までにすべてを使い切るという計算です（注意：この計算では、非課税枠がなくなるという点は考慮していません）。

もし、iDeCoやNISAを活用せずに、我流で年5％で運用した場合は、税優遇を受けられません。その分、未来に受け取れるリターンは少なくなります（ケースB）。

また、預貯金だけで月額6万8000円を25年間貯金し続けた場合は約2600万円になります。(ケースC)

ケースA:5200万円(iDeCoとつみたてNISAを活用)
ケースB:4680万円(ケースA-税金520万円)
ケースC:2600万円(貯蓄だけした場合)

さて、あなたは、A、B、Cのどの選択を選びますか?

どれを選択するのもあなたの自由です。

自動投資で将来も今の生活を維持する

自動投資の最大の目的は、将来におけるあなたの購買力を維持することにあります。

あなたが理想のライフスタイルを送るのに必要な年収が現在1500万円であるとするならば、今から20年後には、その約2倍程度の年収が必要になる可能性があります。

なぜなら、これまで述べてきた通り、世界各国で急激なインフレ政策が同時になされているからです。そして、コロナショックの影響を受けてその規模は前代未聞の領域に達しています。20年後に物価が2倍になるとするならば、あなたの理想のライフスタイルを維持するためには、購買力を維持することが必要になってきます。

現金の価値が確実に減っていくことが自明であるならば、現金以外の資産に投資をせずに、理想のライフスタイルを維持するのは、非常に困難だということを理解する必要があります。

自動投資についての話はここまでです。自動投資システムのセットが完了すれば、あなたの老後の理想のライフスタイルは確保されます。自動投資は、始めた人すべてが勝てるポジティブサムゲーム。

しかし、そのゲームに参加するかどうかはあなたの選択次第です。どうか、機会損失がないように十分考慮して、参加の是非をご検討ください。

よくある質問

私が運営するコミュニティーでは参加者全員の自動投資システムを一緒に作っていきま

すが、その中で頻繁に出る質問をまとめました。

Q　月5000~10000円で自動投資システムを作ることはできますか。

A　少額で自動投資システムを作ることは可能です。しかし、世界資産の選択肢が多いETF中心に構成することは困難なので、投資信託中心に銘柄選びをする必要があります。投資信託は100円から金額指定で購入できますので、少額投資の初心者投資家には向いています。

Q　毎月の投資額が安定しないので自動振替ができず、自動積立していても、残高不足になることがあります。それを避けるために、購入最低額との差額を計算して追加しなくてはならず困っています。資金が足らず買えない月があってもいいでしょうか。それとも、単価の安いETFへ銘柄を見直した方がいいのでしょうか。

A　単価の安い商品（必ずしもETFでなくてもいい）に切り替えるといいでしょう。あるいは、2カ月に1回とペースを落とす方法も考えられます。一番いいのは、確実に投資できる分だけ投資に回すことです。iDeCoの最低金額は5000円なので、それ以上かつ確実に投資できる資金で毎月自動積立を行うようにしましょう。なお、この場合は価格に左右されるＥＴＦではなく、投資信託などの購入となります。

Ｑ　銀行口座から証券口座への自動振替設定を行っていなくても、自動積立設定をしていれば、自動投資をしていることになりますか。

Ａ　自動投資の肝は「自動的」なので、資金投入から購入が自動になる仕組みを構築する必要があります。そのため、自動振替設定は必ず行ってください。振替金額は積立金額と同額でなくてもかまいません。

Ｑ　ＳＢＩ証券以外の口座を開設していますが、そこで、自動積立をしてもいいでしょうか。

Ａ　ＳＢＩ以外だと選べる商品が限られる可能性はありますが、自動積立で購入することは可能です。ただ、証券会社によっては銀行口座から原資を自動的に証券口座に引き落としできなかったり、選んだ投資商品を自動買付できなかったりする場合があります。自動投資のポイントは、できる限り全自動化することなのでその部分に支障が出てきます。

なお、証券口座は何社開設しても国内証券会社であれば口座維持手数料はかからないので、他の証券会社に口座を持っていても本格的に始めていない（あるいは積立投資をしていない）のであれば、SBI証券の口座開設に切り替えることもできます。

Q　毎月、5万円以下で購入できるポートフォリオができたらいいなと思っています。TIPS（インフレ連動債券）を外したら予算内になるので、自動化できるのですが、今は経済状況的に購入しておいた方がいい気がして組み込んでいます。ただ予算はオーバーしているので、現状としては、今月購入するのはこれ、来月はこれというふうに手動で調整して購入している状況です。

月1回なのでそこまで手間ではありませんが、忘れてしまうリスクはあります。予算オーバーするなら、やはり買うべきではないのでしょうか。

A　自動投資の原則は「自動化すること」なので、自動購入できる予算内で毎月購入できるものを優先させた方がいいでしょう。自動投資では、原則手をつけません。予算が増額し、かつ常に購入し続けられるようになったら、あらたに自動購入を設定するようにしましょう。

Q　証券会社が倒産した場合、預けている証券やお金はどうなるんですか？

A　証券会社がお客様から預かっている有価証券やお金は、証券会社が倒産したとしても確実に顧客に戻るように、自社の資産とは区分して管理することが法律で義務付けられています。これを「顧客資産の分別管理」といいます。

それでも回収できなかったらバックアップとして、日本投資者保護基金から1顧客当たり1000万円を限度として補償されます。

信用取引や先物取引などについては、一部、分別管理の対象とならない場合もあります。

Q　私は企業型DCをすでに利用しています。NISA口座も海外商品取引口座も開設済みです。NISAでは日本株を活用しています。時間がものを言うとわかってはいるのですが、今はすべてが高値に思えて、始めるのに相応《ふさわ》しいときなのか、購入に二の足を踏んでいる状態です。

A　自動投資は、価格や購入タイミングに関係なく一定の時期に定期的に購入することでトータルの購入費用を抑えてかつ収益を高めるやり方です。言い方を変えると、始めるタイミングを選ばない投資法です。継続して長期間投資することで収益を得る点を踏まえて自動購入する商品を検討してください。

Q　毎月投資金額が少ないため、投信積立からのETFへのリレー投資（ファンドを買い替える投資方法）を行っています。リレー投資だと、毎回投信の売買益を税金で取られるのでこの方法から別の方法に変更したいと思うのですが、いい方法はありますか。

A　買付余力が不足したまま一定の月数経過すると自動購入設定が解除されるので、金額が足りない場合は投資信託の積立を検討しましょう。リレー投資はコストがかかるので注意が必要です。

自動投資システム説明書
https://members.finance-gym.jp/wealth-formula

第４章

学ぶ人だけにチャンスがやってくる「楽しむ投資(α)」

4-1　投資には階層がある

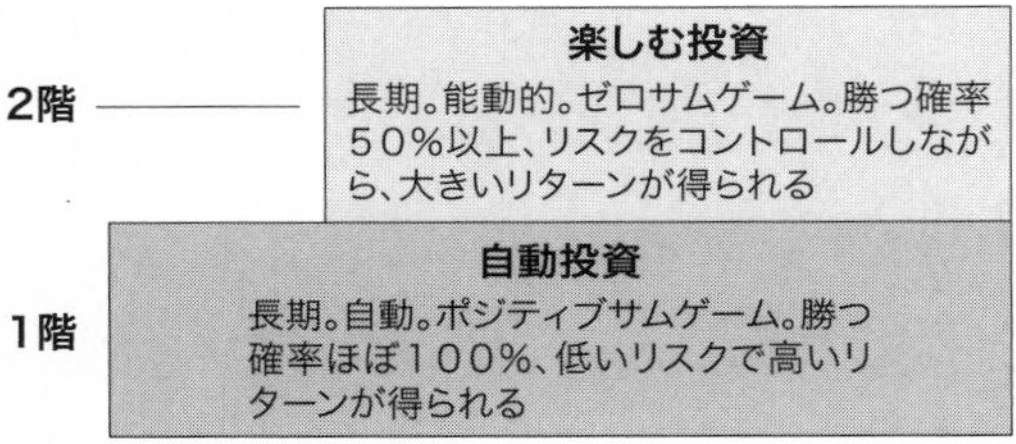
楽しむ投資
2階
長期。能動的。ゼロサムゲーム。勝つ確率５０％以上、リスクをコントロールしながら、大きいリターンが得られる
自動投資
1階
長期。自動。ポジティブサムゲーム。勝つ確率ほぼ１００％、低いリスクで高いリターンが得られる

勝つか負けるかの世界

前章での自動投資（β）では、老後の生活の安心を手に入れることができることをお話ししました。この章では、βαλ《バル》法の「α《アルファ》」の部分であり、あなたの生涯年収をアップするためのボーナス的な投資方法である「楽しむ投資」について話をします。自動投資は、参加した人が全員勝てる、ＷＩＮ－ＷＩＮのポジティブサムゲームでしたが、楽しむ投資はゼロサムゲームです。このゲームは、勝つ人と負ける人がいるＷＩＮ－ＬＯＳＥの状態を生み出します。

例えば、テニスなどのスポーツやチェスなどのゲームでは勝者と敗者が明確に存在し、両者が同時に勝つことはありません。楽しむ投資における未来予測が当たる可能性は50％程度。自動投資の勝率はほぼ１００％であるのに比べると未来予測がとても難しい投資でもあります。

しかし、自動投資は老後の生活の安心や保障を得る程度のものであって、あなたの理想のライフスタイルを実現するには、まだ不十分。その不足分の一部を補うのがここで述べる「楽しむ投資」です。

楽しむ投資は、本書で述べる原理原則を踏まえて行えば、勝率を70%以上に引き上げることができ、数百万~数千万円、時には数億円以上の価値を生み出す可能性もあります。老後の生活の安心を確保するだけでなく、あなたの理想のライフスタイルにさらに一歩近づくために必要な投資です。

楽しむ投資の勝率を少しでも上げるには、投資を通して学ぶ姿勢が必要となります。学ぶと言ってもただ闇雲に投資の勉強をしても意味はありません。本書では、どのように科学的に効率よく投資の勝率を上げていくのかを解説していきます。

もちろん、最終的にこの投資に取り組むかどうかはあなたの選択に委ねられますが、実践したいという方のために、再現性のある方法についてお話しします。

「自動投資」はメインディッシュ、「楽しむ投資」はサイドメニュー

自動投資は、誰でもほぼ確実に勝つことができました。しかし、楽しむ投資は、原則を

知らないと勝つことがとても難しい投資です。これら二つの投資は、全く特徴の違う投資ですので分けて考える必要があります。ところが、問題は、多くの人が、異なる特性を持ったこれらの投資を混同してしまっているという点にあります。そのため、「投資」を必要以上に怖がって遠ざけたり、あるいは、安易に儲かると思って全財産を失ったりするなどの大きな失敗の原因になってしまっています。

たとえるならば、自動投資は、レストランで食事をする際のメインディッシュのようなものであり、食べないとおなかが満たされません。一方で楽しむ投資はサイドメニューのようなものであり、食事に彩りが添えられ、食べる楽しさも増します。

あなたがどのような理想のライフスタイルを描いているかによって、サイドメニューを注文するかどうか、あるいは、どんなサイドメニューを頼むかは変わってきます。例えば、あなたが50歳を過ぎていて、とにかく老後の生活資金を確保することを最優先にしたいと考えるのであれば、サイドメニューは不要かもしれません。

あるいは、あなたが現在35歳で、あと25年間以上も投資をする期間が残されているとするならば、いろいろなサイドメニューをオーダーしてみるのもいいでしょう。そして、注文したサイドメニューの中で、一つか二つでも、大当たりのメニューに出合うことができれば、あなたの生涯収入がアップし、理想のライフスタイルにぐっと近づくことができます。

「ローリスク・ハイリターン」だけを狙え

投資をしている人の誰もが信じて疑わないうたい文句があります。それは、「ハイリスク・ハイリターン」「ローリスク・ローリターン」というものです。

大きなリターンを得たい場合は、ハイリスクの投資が必要であるといった意味が込められていて、投資商品の購入を促す営業の場面でもよく耳にしますが、これは大きな勘違いです。このうたい文句を使っている営業マンは、あなたに「ハイリスク・ローリターン」の商品を売ろうとしている可能性があるので注意が必要です。

私は以前ロンドンのヘッジファンドで6000億円の資金を運用していました。その時の上司は世界有数の超一流トレーダーでした。彼に言われたことがあります。

「勝率6割の投資は絶対しない。勝率7割以上で初めて投資を検討する」、と。

そして言葉通り、彼の投資成績は毎年毎年勝ち続けるものでした。もし「ハイリスク・ハイリターン」しか存在しないのなら、なぜ彼は毎年勝ち続けられるのでしょうか？

また、前章で紹介した自動投資は、全世界の金融投資を一気に買い、自動的かつ長期的に運用することで、ほぼ確実に将来に受け取れる価値が減らないことが保証されるものだとお話ししました。そして、過去100年間を見てもそのようなリターンが得られていました。ほぼリスクなしに、5～10％のリターンが得られるのは取ったリスクに対して非常に高いリターンが得られていることになるのではないでしょうか。

1985年、かの有名なウォーレン・バフェットは「投資のルールは何ですか？」とあるインタビューで聞かれました。彼はこう答えました。

「投資には二つのルールしかない。一つ目のルールは絶対損をするな。二つ目のルールは一つ目のルールを忘れるな、このほかにルールはない」と。

これは当たり前のように聞こえるかもしれませんが、ほとんどの人がこの返答の本質を見逃しています。彼が言おうとしていることは、「リターンに見合わないリスクは絶対取るな」ということです。

「ハイリスク・ハイリターン」しか存在しないとするならば、ウォーレン・バフェットはどのように「絶対損をしない」投資を続けられるのでしょうか？

読者の皆さんは、もうお気づきでしょう。

投資には、「ハイリスク・ローリターン」「ローリスク・ハイリターン」の世界が存在するということです。

投資の原理原則を知らない人は、常に「ハイリスク・ローリターン」の商品しか目にせず、それらに手を出してしまって悲惨な状態に陥っています。たまに勝つことはあったとしても、ほとんどの場合は負けます。そして長く続ければ続けるほど負ける可能性は高くなって疲弊していきます。

反対に投資の原理原則に則って投資している人は「ローリスク・ハイリターン」の世界で理想のライフスタイルを実現しているのです。

このことをより理解するためにはリスクとリターンの関係を知る必要があります。まずはリターンのほうから説明していきます。

表面上の「リターン」に騙されるな

リターンとは、投資したお金に対して得られる未来の価値です。年初に投資した100万円が1年後に110万円になっていた場合、あなたは余分に10万円を増やすことができました。投資した100万円により、10万円が得られたので10万円÷100万円でリターンは10％です。

金融の世界では、リターンはすべて年率換算で行われます。半年で5％の場合は年率10％。2年で10％の場合は年率5％といった具合です。

リターンには投資金額（前記の場合だと100万円）とそれから得られた儲け（前記の場合だと10万円）があります。同じ儲けを得るために、少ない金額を投資するとリターンは増えます。

例えば、前記の投資商品を100万円ではなく、80万円で買えたとしましょう。この場合のリターンは10％ではなく、12・5％になります。つまりは、投資商品を安く買えば買うほどリターンは大きくなり、高く買ってしまうとリターンは下がります。

リターンの中には「名目リターン」というものと、「実質リターン」というものがあります。この二つのリターンを区別できることが投資の成功においてとても重要なことです。反対に、この区別ができないと理想のライフスタイルを実現するのは難しいでしょう。

例えば、賃貸不動産の営業資料によく書かれている「表面利回り」というものがあります。これは、不動産の運営をするために必要な経費を差し引く前の利回りです。この表面利回りというのは、あなたのポケットに実際に入ってくる金額ではありません。税別、諸経費別、サービス料別途などの表記などもありますが、実際に支払う金額を少なく見せるためのまやかしで、意味のない数字です。

不動産を運営するのにかかる経費を払ったあと、実際にポケットに入る利回りのことを「実質利回り」と言います。

これと同じように、投資のリターンには「名目リターン」という表面上のものと、「実質リターン」という実際に手元に入ってくるリターンがあります。年初に100万円を投資して、1年後に10万余分に返ってきた場合の名目リターンは10%ですが、物価が10%高くなっているとすると実質利回りは0%になります。名目上は10万円を余分に得ましたが、実際の生活水準は変わってないことになります。

私たちは理想のライフスタイルを実現するために投資しています。そして、理想のライフスタイルの価格は、物価と共に変動します。ですので、投資を行う場合は、実質リターンですべての物事を見る必要があるのです。

しかし、実質リターンという表記にはデメリットもあります。それは国や期間や計算方法によって、物価がどのくらい上がっているのかを把握しづらいということです。そのた

4-2(2-6再掲)　**世界のインフレ率**

先進国全般	平均年間1.4% (日本0.5%、米国1.8%)
アジア地域先進国	平均年間2.1%
アジア地域新興・途上国	平均3.2%
EU圏内	1.2%
ヨーロッパ地域新興・途上国	6.5%

2019年（出典：IMF DataMapper）

め、いろいろな投資商品を比べやすいように、年率の名目リターンという表記が一般的に使われているわけです。

この本でも実質リターンと書いていない限り、すべて年率の名目リターンのことを指しますが、あなたが投資する商品の国の物価がどれだけ上がっているかを把握して、名目リターンから物価の上昇率を引く必要があります。

例えば、あなたが日本の個人向け国債に、0%で投資した場合、名目リターンは0%です。

ここから日本のインフレ率0・5%を引くと（図表4－2）、実質リターンはマイナス0・5%となります。

これは、1年であなたの資産の価値が0・5%下がるということを意味します。

「リスク」の真の意味

次に、金融で使われる「リスク」という言葉ですが、「損をする」という意味ではないということに注意が必要です。「リスク」＝「損をする」ということが、多くの人が誤解をしている点です。

投資における「リスク」とは、あなたの未来予測が当たる可能性が高いのか、低いのかを示す指標にすぎません。つまり、価格の振れ幅という意味です。

例えば、あなたが年初にある株を買います。その株は、過去50年間、平均で年率10％のリターンが得られていたとしましょう。過去のデータを見たあなたは、今後も同じように10％ぐらいのリターンが得られるだろうと予想をします。

ところが、年末に実際のリターンがマイナス10％だった場合、あなたの予想は大きく外れたことになります。期待していた10％と比べて20％も低いリターンになってしまいました。

反対に、予想していた10％ではなく、30％のリターンを得られたとします。この場合は、予想していたリターンと比べて20％高いリターンになりました。しかし、損をしたケース同様に予想は大外れです。

実は、両方のケースでの「リスク」は同じです。

自分の予想した期待リターンからどれだけ予想が外れたのかを統計学的に示しているの

4-3 リスクとは価格の振れ幅のこと

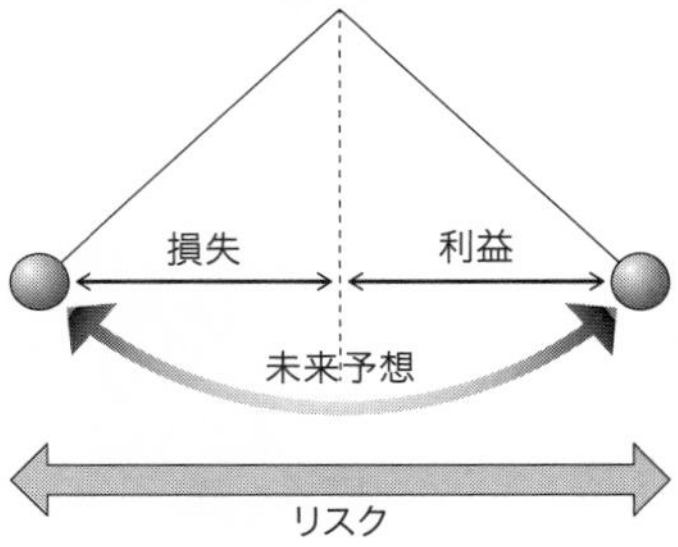

が「リスク」（標準偏差ともいいます）なのです。

金融商品の中で、期待リターンの未来予想が最も的中する可能性が高いものは先進国の国債だと言われています。その一つは日本国債、つまり日本国の借金です。日本の国が発行する借金に関しては、国は返してくれるという保証をしています。日本国が倒産しない限り、必ず投資した元本分は返してくれることになっています。

「日本が破産でもしたらどうするんだ？」と心配される方もいると思いますが、その可能性はまずありません。

なぜなら、お金がなくなったら、国はお金を刷ればよいからです（国がお金を刷る仕組みについては拙著『毎月5000円で自動的にお金が増える方法』で詳しく述べています）。

あなたが国に1年間お金を貸して、国債という金融商品を持ったとしましょう。1年後に国がお金を返さないというリスクはとても低く、ほぼ確実に返ってきます。つまり、1年後に返してもらえる金額の予想が的中する可能性は非常に高い商品だということです。

反対にあなたに約束された以上のお金を渡すという可能性も極端に低いのも事実です。国債のように、未来の価値が予想しやすい（リスクが低い）ものは、リターンは少なくなる傾向があります。他方で、未来の価値が予想困難（リスクが高い）なものには、多くのリターンが要求されます。

例えば、元本保証をされた商品と、元本保証がない商品が同じ値段で売り出されていたとしましょう。この場合、あなたは同じ値段なら安心が得られる元本保証された商品を買うでしょう。

では元本保証をされた商品が、保証されていないものと比べて2割高かったらどうでしょうか。以前述べたように、同じ商品によりたくさんのお金を払うことであなたが得られるリターンは減少していきます。元本保証を求めている人が多ければ、その分リターンは減少していきます。そして、元本保証がない商品が比較的魅力的になり、リスクを許容できる人たちはそちらを選び始めます。

このようにリスクとリターンのバランスが保たれるのが投資の理論です。

リスクとリターンのそれぞれの意味を理解できたら、あとはその二つのことを組み合わせるだけです。投資対象とすべきものは、「ローリスク・ハイリターン」、つまりできる限り価格の振れ幅が少なく、できるだけ儲けられる商品だけだということです。

金融では、このような商品を、「シャープ・レシオ」が高いといいます。

シャープ・レシオとは、あなたが取ったリスクに対して期待できる超過リターンのことです（〈資産のリターン－無リスク資産の収益率〉÷価格の振れ幅の式で表されます）。「超過」というのは無リスク資産（国債のような価格の振れ幅がない資産）のリターンに超過しているリターンのことです。シャープ・レシオが高いほど、同じ価格の振れ幅に対して高いリターンを得られたことになります。

第2章で紹介した自動投資は、個別の異なったリスク・リターンの性質を持った商品を組み合わせることで、低いリスクで高いリターンが得られる、唯一科学的に証明されている言わば裏技的な手法なのです。

私の失敗だらけの「投機」人生

私は今まで「自由」という理想のライフスタイルを追い求めて、最小限のリスクを取って最大限のリターンを得るにはどうしたらいいのかを追求してきました。とにかくできる限り楽に、早く理想のライフスタイルを実現したかったからです。

約10年前、20代の間に次々に失敗をし、総額3億円以上を失いました。

そのうち株式投資では約3００万円を失いました。当時証券マンだった私は、社内規定により、株式取引ができる金額が制限されていました（もし、制限されていなかったら、もっと多くのお金を失っていたと思います。今思えば不幸中の幸いでした）。

FXは、その存在を知った瞬間にすぐに飛びつきました。しかし、毎秒毎分ごとに変わるデータを確認するため眠れない日々が続き、極度の睡眠不足に陥りました。3カ月後には、心身ともに疲弊しきった挙げ句、7００万円という大きな資産を失いました。

それと並行して行っていた映画投資では2０００万円を失いました。さらに海外不動産投資では、6０００万円という膨大な資産を失い、自己破産寸前にまで追い込まれました。

当時の私は、羽振りがよく見えたのでしょう。「サミさんは資産家だから節税投資をした方がいいですよ」という悪魔のアドバイスを受け、その通りに行った結果、さらに1億円を失いました。また、太陽光発電や飲食業の事業への投資でも1億円以上が消えました。

金融業界にいたにもかかわらず、投資の本質を知らない無知であったがために、カモにされたのです。

私が3億円の資産を失った大きな理由は明確です。私自身が、「投資」だと思って行っていたものは、投資ではなく、すべて「投機」、つまりギャンブルだったのです。

短期的に儲けることを考えて、アドレナリンの快感に酔いながら、暴走するのが投機です。

そのことを知った私は、その後一切のギャンブルをやめ、投資の本質について学び原理原則に則った自動投資と楽しむ投資だけをするようになりました。楽しむ投資は、長期的に、科学的に勝率を上げることを楽しんでいくという投資法です。

すると、資産がみるみる10億円近くに増え、キャッシュフローも月々500万円以上になりました。脱サラをして、自由な時間を持つことができるようなったのです。現在も純資産は毎年5000万円以上増え続けており、自分が心からやりたいと思っている事業を複数掛け持ちしながら、幼い子供4人と妻と共に自由な人生を謳歌することができるようになったのです。

理想のライフスタイルを実現するためにやるべきことは、リスクに対して最大限のリターンを求め、勝率が高い投資をし続けることです。

このことを継続的に行えば、科学的に資産を増やすことができます。

それでは、「楽しむ投資」で勝率を7割以上にするために絶対やってはいけないことと、やるべき二つのことについてお話ししましょう。

絶対やってはいけないこと

まず、絶対やってはいけないこと、それは「確実に損するようなゲームに参加するな」ということです。確実に損するというのは勝率50％以下のゲームを指しています。

勝率50％以下は長期的にやると必ず負けるゲームです。

勝率50％は長期的にやるとトントンになるゲームです。

勝率51％以上は長期的にやると必ず勝つゲームです。

確実に損する種類のゲームのことを「投機」、別名「ギャンブル」と言います。金融業界は投機とギャンブルを区別していますが、私は本質的に違いはないと思っています。投機やギャンブルは、短期的な一攫千金を狙って勝率50％以下のゲームに繰り返し参加することです。

図表4－4ではギャンブルの種類とその控除率が示されています。

控除率とは、1回参加したときに、長期的に平均で徴収される手数料のことです。つまり、投資商品の手数料と同じ概念です。

例えば、宝くじを買った場合、買った金額の半分は運営している国と銀行が手数料として徴収し、残り半分を買った人たちに分け与えます。1万円で宝くじを買うと、長期的に考えて、平均して5000円戻ってくる計算です。

競馬、競輪などの公営レースは、手数料が25%、カジノで行われるバカラやブラックジャックやクラップスは手数料が1%程度です。例えば、ブラックジャックの戦略を熟知し、平常心を保ちながら実行できたとしても、1万円を使ったら、長期的に計算して、1ゲームに100円の手数料が徴収されますので、平均9900円しか戻ってこない計算になります。

4-4 主なギャンブルの控除額

現金・預金	控除率
宝くじ	約53.2%
公営レース	25%
パチンコ	2〜3%
ブラックジャック（基本戦略のみ）	1〜2%
クラップス	0〜1.82%
バカラ（Banker）	1.17%

参考：谷岡一郎『確率・統計であばくギャンブルのからくり』

金融商品を購入するときは、「胴元」である証券会社に販売手数料を支払う必要があります。それ以外にも買値と売値の差（スプレッドと言います）、信託報酬や信託財産留保額、為替手数料などのさまざまな手数料が存在します。

投資の知識もなく、短期間で金融商品を売買することは、カジノで1~2%の手数料を支払ってギャンブルしているのと全く変わらないのです。勝つときもあれば、負けるときもあります。しかし、欲と恐怖と闘いながら平常心を保ち、完璧な戦略を実行できたとしても長期的には必ず負けます。

そして、もう一つ重要なポイントは、何回ゲームに参加したかを示す試行回数です。図表の控除率を見て「宝くじはぼったくりだな」と思うかもしれませんが、宝くじで全財産を失って破産をした人という話は耳にしません。宝くじは負けることがほぼ確実なのですが、1年に数回しかしないので、破産するには至らないのです。

反対に競馬、パチンコ、カジノですべての財産を失った人の話は耳にします。宝くじよりは控除率が低くても、勝つ確率よりも負ける確率が高いものを複数回行えば、確実に大きなダメージを受けることを意味します。

これは、投資商品を短期で何度も売買するときも同じです。

例えば宝くじに1回1万円を使った場合、5000円の手数料を取られて、平均して戻ってくるのは残り5000円。ブラックジャックに1回1万円を賭けた場合、100円の手数料を取られて、平均して戻ってくるのは9900円です。

宝くじは年に1回だけ購入するという人も多いでしょう。ですので、1万円分の宝くじを買っても、5000円だけの損失ですみます。ところが、競馬、パチンコ、ブラックジャックや金融商品の短期での売買は、宝くじと比べて試行回数が圧倒的に高いわけです。そしてゲームに参加するたびに、毎回手数料を取られていきます。遊べば遊ぶほど手数料が加算されていき、損をする可能性が高くなります。

ポイントは、ギャンブルで最後に勝つのは「胴元」だけだということを心に刻んでほしいということです。

仮に自動投資だけを行って、長期的に絶対損をする投機（ギャンブル）をしないだけでも投資の勝率を上げることができるのです。

これは信じ難い事実かもしれませんが、ほとんどの人が投資で成功できないのは、必ず損するような自滅行為をしてしまっているからです。

地道に堅実に原理原則に則ってルール通り投資すれば、誰でも老後の安心は得られるのに、なぜたくさんの人が失敗しているのかというと、かつての私のように、「確実に損をするギャンブル」を投資だと思い込んでいるからなのです。

ここまで読んで、皆さんはそもそもギャンブルなんてしていないし、こんなことはすでに知っていると思っているかもしれません。投資のプロであった私も、失敗をする当時の段階で、これらの知識は当然持っていました。

しかしそれでもたくさんの失敗をしたのは、知識だけでは不十分だということです。

実は私は、これから紹介する10個の「脳の癖」に巧みに操られていたのです。

投資とは自分との闘いである

「投資で成功するためには高度な知識はいらない。このゲームはＩＱ１６０の人が、ＩＱ１３０の人より儲けられるゲームではない。成功に必要なのは頭がいいことではなく、平常心を保てる気質である」

という言葉が投資の世界ではよく耳にされます。この言葉の出所は世界のトップ投資家であるウォーレン・バフェットやチャーリー・マンガーだと言われています。「平常心を保て」ということは、一喜一憂する性格の私が、以前の上司に叩き込まれたことでもあり、またプロ投資家の世界では広く認知されていることです。

世界の一流プロ投資家は、いかに平常心を保つことが難しいかを知っているので、メンタルコーチを付けたり、マインドを整えるために瞑想をすることが知られています。これは、「脳の癖」による失敗を最小限に抑えるための取り組みです。手法やスキルより、自分の「脳の癖」を把握し、マインドセットを整えることが投資で成功する上では欠かせないのです。

負けは、勝ちの2倍ダメージを受ける

投資をする場合には、人が投資における勝ち負けに対して、どんな感情を抱くのかを理解する必要があります。

人は一般的に投資で、負けたときは勝ったときの2倍のダメージを受けると言われています。投資をして1万円勝ったときの喜びと、1万円を失ったときの痛みを比べると、痛みの方が2〜3倍強く感じると言われています。

例えば、1年間投資をして、93％の確率で儲けられる凄腕投資家がいたとしましょう。この投資家は1年を通して売り買いをしていますが、もちろんその中には儲かった投資もあれば損した投資もあります。

さて、この投資家の四半期の勝率はどのくらいになるでしょうか〈詳しい数学的根拠は省きますが、この投資家は10％のリスク〈価格の振れ幅＝価格の標準偏差〉で15％のリターンが得られます。つまり68％の確率〈1標準偏差以内〉で5〜25％、95％の確率〈2標準偏差以内〉

でマイナス5～35％のリターンになります。ポイントは、93％の確率で0％以上のリターンが得られるほど腕があると想定しています）。

数学的には、この投資家の四半期の勝率は77％です。10回勝負して2回は負けます。

1カ月だと67％、つまり10日は損して、20日は勝ちます。1日だと54％、1時間だと51・3％、1分では50・17％、そして毎秒の勝率は50・02％です。

もしこの投資家が毎時間自分の投資の状況を確認していたとするならば、そのうち半分近くは負けているわけです。

4-5　損した痛みの方が大きい（プロスペクト理論）

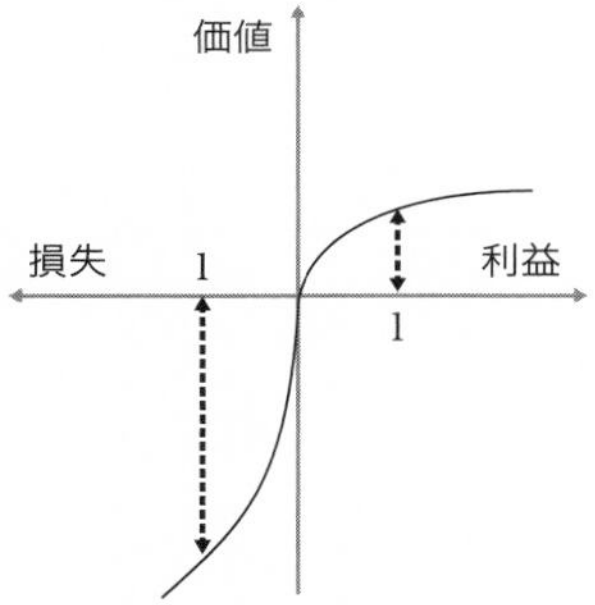

心理学的には、人は負ける痛みのほうが勝つ喜びの2倍あるとされるので、自分の投資状況を見れば見るほどダメージが大きくなっていきます。そして最終的には心身ともに疲れ果てて、適切な判断ができなくなり、大きな過ちを犯し、すべてを失ってしまうのです。

これは私が3カ月でＦＸで燃え尽きた理由です。

私がＦＸをやっていたときは、ＰＣを枕もとにおい

4-6 時間ごとの勝率

1秒	50.02%
1分	50.17%
1時間	51.3%
1日	54%
1月	67%
四半期	77%
1年	93%

出典：ナシーム・ニコラス・タレブ著、望月衛訳『まぐれ』

て、寝ている間も上がり下がりを頻繁にチェックしていました。5分に1回程度という日もありました。

人はいつでもどこでもスマホで投資状況が把握できる環境の中では、自分が勝っているか、負けているかを、頻繁に確認せずにはいられません。

しかし、確認すればするほど平常心を失い、極端に大きな「賭け」に出て、すべてを失ってしまうのです。自動投資を自動化する必要があるのは、この日々起こるランダムな価格の振れ幅に翻弄されないためでもあります。

次に、この行動心理を背景として、人はどんな言い訳や行動を起こすのかを見ていきましょう。ここでは、特に投資に勝てない原因となる次の10個の癖についてご紹介します。

投資に勝てない人の10個の脳の癖

脳の癖①「損は絶対したくない」（プロスペクト理論）

人は痛みを経験したくないので、できるだけ損失回避をしようとします。特に数千円程度の小さな損失を回避したいという傾向があります。例えば、数千円を得するためにより安い電化製品を何時間もかけてインターネットで探したり、数千円の優良メルマガの購読料を支払いたくないために、質の悪い無料情報を選んで読んだりします。

これらの行動は、自分の多大な時間と労力を投資して、たった数千円の損失を回避するといった、冷静に考えればナンセンスな行動だということを知っていたとしても、ついついやってしまいます。

そして、小さな損失に過度に敏感になることで、大きなチャンスを逃したり、そもそも行動に移さなかったりするなどして、この損失回避行動に振り回されていきます。

また、私たちはすぐに新しい収入水準に馴染んでしまうという傾向があります。

例えば年収500万円の人が年収1000万円になると、生活水準も上がり喜びを感じるでしょう。しかし時間が経つにつれ、1000万円の生活水準が当たり前になります。1000万円から2000万円に生活水準が上がった場合も同様です。いずれ新しい水準に慣れてしまい、それが当たり前になります。

投資をしていても同じことが起こります。投資がうまくいってプラス100万円になったとしましょう。当初は喜びを感じます。しかし、何度かプラスで勝つと、時間が経つにつれプラス100万円の状態が当たり前になり、それが新しいスタート地点になります。仮にその得した100万円を失ったとしたら、大きな痛みを感じます。実際はトントンであるにもかかわらず、マイナス100万円を体験したかのような痛みを感じることになるのです。

そして、プラス100万円に戻ることを夢みながら、損切りをせずに持ち続けたり、過剰にリスクを取ったりする行動に出てしまいます。

脳の癖②「取り返すためにリスクを取る」(後悔回避)

先に述べたように、小さな損失回避を避ける傾向がある私たちですが、投資を始めて負けが続き、マイナス100万円がマイナス500万円にまで損失が膨らんだとします。このように損失が大きくなっていくと、「リスク・リターン」の感度がマヒしてきます。

何が何でも損失を回避するぞ!という感情があふれ出します。そして、損を取り返すために、過剰で不要なリスクを取るようになります。カジノやギャンブルではこの絶対取り返してやる!の感情が墓穴をどんどん深くしていくのです。

脳の癖③「絶対上がると思い込む」(主観確率)

未来予測をして、起こる可能性が少しでもあると思うと、脳は一気に大幅に100%まで繰り上げをして「絶対に起こる」と思い込む癖があります。

反対に、可能性がほぼないと考えたものに関しては、ラウンドダウンして「起こらないだろう」と切り捨てる傾向があります。

人間の脳には、「起こるだろう」か、「起こらないだろう」のほぼ2パターンしかなく、実際の確率をすっ飛ばして思い込む傾向があるのです。例えば、「ある企業の収益は上がる」と判断すると、実際はその収益が上がる確率が数%くらいしかないにもかかわらず、あなたは「ほぼ確実に上がる」と思い込みます。

そして、多くの場合、株価はそう簡単に上がりません。この癖があるために「個別株の投資」はとても難しいのです。

脳の癖④「願えば叶う」(ウィッシュフル・シンキング・バイアス)

「実際に株価が上がる」ことと、「上がって欲しい」と願うことは明らかに違いますが、願えばあたかも叶うような錯覚に陥るという脳の癖があります。

私の場合は、2億円の高級マンションを購入したときにこの癖が見事に出ました。「私が買ったんだから、不動産の価値は絶対に上がるだろう」と未来予測したのです。

それは単に、私が「価値が上がって欲しい」と願っただけで、実際に価格が上がることとは全く関係がありませんでした。

脳の癖⑤「過去が未来を予測する」

ここ10年間のチャートを見ると、株価が上がり続けているので、今後もこれまでと同じく上がるだろうと思い込む脳の癖があります。しかし、過去の株価と未来の株価にはなんら因果関係がありません。

例えば、コインを投げて裏と表を当てるゲームで、「表・表・表・表・表」と5回連続して出た場合、次に裏と表の出る確率は50％ずつと全く同じであるにもかかわらず、「表が続いたのであれば、そろそろ裏が出るのではないか」と思って「裏」と答える人や、「表が続いているのだから、今回もやっぱり表が出るだろう」と考える人がいますが、これまでのコインの結果とこれから出るコインとは全く関係ありません。

これは、投資をするときも同様です。過去のチャートでは上がる傾向が見られるので、将来も同様に上がり続けるというのは、脳の錯覚にすぎないのです。

脳の癖⑥「戻ったら売ろう」（アンカリング・バイアス）

脳の癖の中でもこの癖が一番厄介なものです。自分が買ったときの株価の値段が、何らかの意味を持っていると思い込む傾向があります。

しかし、株を1株100ドルで買ったときのその価格は、なんら意味を持たない数字です。「この価格に戻ったら売ろう」と思いながら、戻ることはない株をずっと持ち続けて、損失がどんどん増えて、次第にマヒしていきます。さらに損失を取り返すために、大きなリスクを取ってずるずると死んでいく。これが、FXで破産する人の典型的なパターンです。私も大きくやられましたのでよくわかります。

人は投資において、負け馬に乗り続けてしまう傾向があります。本当は、マイナスが出たらすぐに切る方が大きな損失を回避できるのですが、なかなかその馬から下りることができません。

自分が買った株価を基準に考えてしまうという脳の癖があるために、「いつか戻るだろう」と思い込んでいるからです。一方、一流のプロ投資家は、「戻ったら売ろう」という発想はしません。買ったときの価格にはなんら意味がないことを知っているので、経済状況が変わったり、何らかの新しい要素で未来予測の仮説が変わったりしたのであれば、すぐに手放します。

脳の癖⑦「後悔したくない」(後悔理論)

「買っておけばよかった!」「いま買わないと乗り遅れる!」などと、後悔をしたくないため、ついつい買ってしまう行動を引き起こす脳の癖です。仮想通貨のバブルに乗って、ビットコインを大量に買いあさろうとする人間の心理もこの癖が背景に存在します。

ただ、私はビットコインの将来性を未来予測して、投資をすること自体が問題だということを言っているのではありません。

知っておくべきことは、あなたの中にも「後悔したくない」という感情によって突き動かされることは間違いなくあり、そしてそのあなたの感情もすでに、ビットコインの価格に含まれているという点です。

私自身はこの脳の癖がとても強くて、投資を急ぎすぎたり、大幅な買い増しをしたりする傾向があります。脳の癖なので、その癖があることを認識できても、なくすことはできません。ただ、自分にはこの癖が強くあることを知ることで、投資をするときの行動に少しでもブレーキをかけることができるようになります。

脳の癖⑧「そうなると思ったよ」（ハインドサイト・バイアス）

株が下がったら、「そうなると思ったよ」とか、景気が悪くなったら「やっぱりね」というように、ことが過ぎてから、あたかも自分が正しく未来予想していたかのような錯覚をする脳の癖です。

リーマンショック時には、「これだけ借金すれば、クラッシュするのも当然だよ」という声がたくさん聞かれましたが、それ以前に予想できた人はほとんどいませんでした。だからこそ「ショック」と呼ばれているのです。

ところが、専門家だけでなく一般の人の中でも、「やっぱりね。そうなると思ったよ」という声が少なからず聞こえてきました。この癖は一般の人も簡単に未来予測ができるという錯覚を起こさせます。

脳の癖⑨「自分なら勝てる」（自信過剰）

人は1回だけでも勝つと、自信過剰になる癖があります。

証券会社で口座を開設したあと、デモアカウントといった架空のお金を使って練習しましょうという枠組みがあります。このデモアカウントはゲームのようなものなのですが、そのゲームで少しでもプラスになると、実際にFXをやったときも、「自分なら勝てる」と自信過剰になって投資をする傾向が見られます。

たとえ本番のFXでマイナスが出たとしても、過去の自信に後押しされて、どんどん投資を続けていき、最後には大幅な損失を出します。中には破産する人も出てくるほどとても怖い癖です。デモアカウントを「画面慣れ」するために使う分にはいいと思いますが、投資の腕を磨くために使用するのは危険です。

脳の癖⑩「わたしは違う」（ブラインド・スポット・バイアス）

ここで紹介した10個の脳の癖のうち、あなたは何個当てはまりましたか。

「私にはどの癖も当てはまらない」と思った方がいたら、実はそれも脳の癖なのです。

これはあなただけが特別な脳を持っているという思い込みの錯覚です。これらの10個の癖は、人間であれば絶対にすべて持っているものだからです。10個の癖のうち、どの癖が強いかどうかは、「欲」と「恐怖」の強さで変わってきます。

程度の差はあれ、誰でも持っているこれらの脳の癖を知ることは、投資を行う際にとても重要です。特に、これまで投資をしてうまくいっていなかったという人は、この脳の癖があなたの中に根深くあることに気がつく必要があるでしょう。

金融業界の人は投資のことを何も知らない

ここまで読んで、「自分には10個もの脳の癖があるし、プロの投資家やＡＩに勝つのが難しいのであれば、プロからのアドバイスを聞いて投資をすればいいのではないか」と考える方もいるでしょう。

実際に、証券会社や銀行の窓口を通して、金融商品を買われる方も多くいます。

ところが、第3章でも話をした通り、金融業界の人たちがお勧めする商品に勝てる商品はほぼありません。なぜ、そう断言できるのかというと、私もかつて金融業界で働いていて実態をよく知っているからです。

私は、大学を卒業して21歳で金融業界に入りました。最初の仕事は、個人投資家を相手にした営業だったのですが、その当時は金融のことは何も知らない青二才。

入社後は、簡単な金融に関する研修があっただけで、その後はすべてオン・ザ・ジョブ・トレーニング。何も知らない若造が、わかったようなふりをして、金融商品を売りさばいていったのです。

見よう見まねで仕事をこなし、そこそこの営業成績だった私は、順調に昇給・昇格し、最終的には生命保険会社や中央銀行などの機関投資家に営業を行うことになります。はたから見れば、お金のことをよく知っている立派なプロです。ところが、実態はというと、お金の本質など全く知らない、ただ金融商品を売る営業マン。

投資商品とはどんなものであるのか。投資をするとはどんな行為なのか。どのようにしたら利益を上げられるのか。これら重要なことを一切教わることなく、金融商品を売るテクニックだけを身につけていったような金融マンでした。

また、金融商品の営業の経験は豊富でも、自分のお金を使って投資をした経験がほぼ皆無でした。これは私だけの話ではなく、金融業界全体を見渡しても、投資を実際に経験している人はとても少ないのが現状です。

日本だけでなく、世界の金融業界の人たちのほとんどが、投資の本質について、ほとんど何も知らないと言っても過言ではありません。

さらに問題なのは、商品を購入した顧客がたとえ損をしても、彼らには手数料が入ってくる仕組みになっているということです。つまりは、他人の利益を考えるべき者が、自分の利益を重視する行為をしているのです。ファイナンシャルプランナー(FP)も同様です。私の周りでも優秀なFPはたくさんいます。しかし、ほとんどの場合は、彼らが扱う商品に対して、保険会社からのバックがあるのです。つまりは、売った金融商品に報酬が紐づけされている仕組みになっています。

これが、金融業界の人々を信じてはいけないという最大の理由です。

あなたが損をしても、その人が得をするというような条件下であれば、その人のアドバイスを聞く信憑性はないはずです。

彼らの仕事は、あなたに「勝てると思わせる」ことなのです。

危ない「サバイバーシップ・バイアス」商法

それでも金融業界の人たちが勧める商品を見ると、過去の運用実績がいいものがあるように感じるかもしれません。しかし、そこにはワナがあります。詐欺商法とも言える方法をあなたに伝授しましょう。この悪質な商法は物凄い効力を持っているので真似はしないと約束してくださいね。

まず、自分に対してある程度信頼感を持っている200人に次のような内容のメールを送ります。

「お世話になります。株価格を100%の確率で的中させるシステム開発に成功しました。以前から懇意にさせていただいているので、明日から5日間だけ、あなただけにこの予想メールを送ります。早速ですが、明日の日経平均株価は上がります」

もし、あなたがこのメールを受け取ったらどう思うでしょうか。怪しいと思い、おそらくメールの内容を信じることはないでしょう。

ところが、次の日の日経平均株価を見ると、昨日のメールの予想通りに上がっています。あなたは、「まぐれだろう」と思うかもしれません。

さらにまた、メールが届きました。「明日の日経平均は上がります」

さらに翌日の日経平均も上がりました。昨日のメールの内容が見事に的中しました。

あなたは、少しメールの存在が気になりだします。

その日もまたメールが届き、「明日の日経平均は上がります」とありました。あなたは以前よりもそのメールの内容が気になっています。

このように、メールの予想通りに5日間連続で予想が的中したとしましょう。その後、この株価予想システムを100万円で提供されたとしたら、あなたは買いますか。

少なからず買う人はいるでしょう。

それでは、このからくりを開示しましょう。


1日目➡100人に株価は上がる、100人には株価は下がるというメールを送る。

2日目➡当たった人100人の内50人に株価は上がる、残り50人に株価は下がる。

3日目➡当たった50人の内25人に株価は上がる、残り25人に株価は下がる。

4日目➡当たった25人の内12人に株価は上がる、残り13人に株価は下がる。

5日目➡当たった12人の内6人に株価は上がる、残り6人に株価が下がる。

6日目➡5日間連続で当たった6人に「株価予想システム」を売る。


最後の6人は高確率で株価予想システムを購入することになります。

これが、金融業界が使用している「サバイバーシップ・バイアス商法」です。

つまり、過去の成績がいい投資商品だけが紹介されているのです。実際には、金融商品の中には廃止になったり、運用実績が悪かったりするものがたくさんありますが、あなたに紹介されることはありません。

紹介されるのは何千万以上もある投資商品の中で、過去の実績がよかったものだけです。以前も述べたように、過去の実績がいいからと言って、未来のリターンがいいということの信憑性はないのです。

相手が持っていてあなたが持っていない情報はない

もし金融業界の人から、「あなたにお勧めのメニューはこれです」と金融商品を勧められたら、「お勧めであれば、あなたもその商品を買っているのか？」と聞いてみてください。

おそらく「ごめんなさい。私は規制上、株取引ができないんです」と答えることでしょう。

アドバイスをすることはとても簡単ですが、自分で投資をして運用実績を出すことは、とても難しいのです。現実は、ほとんどの金融業界の人は投資を経験していません。金融業界の人たちは、皆さんから集めたお金、つまり取引額を増やすことが仕事です。なぜなら、手数料が彼らの利益となり給料になるからです。あなたが金融商品を売り買いしないと儲からないし、手数料が高いものを売らないと儲からないのです。

なので、金融業界はあの手この手を使ってあなたの心を揺さぶります。そして、「あなたにぴったりの投資商品」「ここだけでしか買えない商品」「今が買い時」「活発に売り買いをしたら儲かる」「高い手数料の商品のほうが質がいい」などと誘導してきます。

巧みな誘導を受けたとき、心にとめておくべきことは、「投資の原理原則さえ、相手が持っていて自分が持っていない情報はない」ということです。

投資の原理原則を知らなければ、相手が何か特別な情報を持っていると思ってしまいますが、原理原則に則ると、あなた以上に金融業界の人たちが知っている情報は何もないということがわかります。

彼らが勧めるメニューには「おいしい」ものはまず存在しません。

「楽しむ投資」に勝つためには、そのような人たちには近づかずに、勝率を上げる科学的な方法を試す方が賢明です。

「楽しむ投資」でプロに勝つことは難しい

それでは、楽しむ投資について具体的に紹介していく前に、最後にやるべきことが一つ残っています。

厄介な「自分なら勝てる」という自信過剰という脳の癖を破壊することです。

私の一番尊敬するレイ・ダリオという投資家は、

「知らないことのほうが、知っていることより比べ物にならないほど重要だ」

と言っています。「自分なら勝てる!」という思い込みは、謙虚さを喪失させ、目の前に潜んでいるかもしれない大きなリスクを見えなくさせてしまうからです。

楽しむ投資は、誰かが勝てば誰かが負けるというゼロサムゲームです。例えば、あなたがある個別銘柄の株を買ったとします。あなたがその株を買ったということは、誰かがその株を売ったということを意味します。株の価格が上がったら、あなたは儲かり、反対に売った人は損をします。逆に価格が下がったら、あなたは損をして、売った人は儲かります。つまり、楽しむ投資では、誰かが勝てば、誰かが負けます。

ゲームに参加している人は、それぞれに予測を立てています。参加者の中には、プロの投資家やＡＩロボットもいます。彼らが、あなたのゲームの対戦相手です。

さて、普通に考えて、片手間に投資をするあなたが、プロやＡＩに勝てる見込みはどのくらいあるでしょうか。

一般的に、金融知識がないアマチュアの人が楽しむ投資で継続的に勝てる確率は、オリンピックで金メダルを獲得する可能性よりも低いと言われています。

また、世界的な投資家であるウォーレン・バフェットの右腕であるチャーリー・マンガーの、投資に勝つことがいかに難しいかを表す有名なエピソードがあります。ある会食の場で、プロの投資家ではない人が、マンガー氏に次のような質問をしたそうです。

「投資はどうして儲からないんでしょうね？」

と。すると彼は「投資で勝てると思っているなんてバカか！」

と返答したそうです。

この回答の意味は、投資を片手間でやっているアマチュアの人が、プロの投資家に勝てると思うこと自体があり得ない話であり、妄想レベルの発想だということです。

それくらい、楽しむ投資で継続的に勝つということは果てしなく難しいということを肝に銘じておく必要があるのです。

第5章

「楽しむ投資(α)」のウォーミングアップ

楽しむ投資を始める前の基礎知識を得る〈勝率50％へ〉

「楽しむ投資」の未来予測が当たる勝率はどのくらいかというと、約50％。これは、投資をする金融商品の基礎知識があって初めてスタートラインに立てるという意味です。勝率50％のスタートラインに立つためには、楽しむ投資を行うための基礎知識を得る必要があります。

楽しむ投資において一番重要なことは、「価格」と「価値」の違いをしっかり区別することです。第3章の自動投資のポイントは、あらかじめ定められた優先順位に従って、決められた金額を、決められたときに、決められた銘柄へ自動的に投資するものでした。つまり、投資商品の購入価格を気にせずに、世界資産に自動的に分散投資を行うのがルールです。しかし、楽しむ投資では、価格と価値を常に比べながら、価格以上に価値があるものしか買いません。

あなたがコンビニに行って冷えたお水のペットボトルを購入したとしましょう。この商品の価格は120円です。この価格はお店側が決めた金額です。

あなたはそのお水を購入するのを決めるときに、その商品の価格がそのものの価値より下か上かを無意識に判断してから購入します。あなたにとってそのお水が120円同等、もしくはそれ以上の価値があるのであればそのお水を購入するでしょう。もし、同じ状況で同じ商品の価格が1000円だったら、価格が価値より高いということで購入しないという判断になるでしょう。

それでは、そのお水をサハラ砂漠で喉が渇ききっている人に提供したとしましょう。この人にとっては商品の価格が1000円でもそれ以上に価値を感じるかもしれません。

金融商品の価格というのも、他の人たちが決めたものです。お水の場合はお店側が価格を付けますが、金融商品の場合は、市場（マーケット）が決めます。この市場では世界中の人が金融商品の価格と価値を比べています。市場の価格が自分の想定する価値よりも安いと思った人は買いますし、高いと思った人は売ります。そしてそれらすべての相互作用で現状の価格が決まります。

そしてこの価格は、第2章でも紹介した「一般論」がその商品に付けた価値とも言えます。例えば、ある株の価格が1500円だった場合は、その価格は一般論がその株に付けている価値です。楽しむ投資では、一般論が付けた価値、つまり価格を「自分が付けた価値」と比べます。そしてその価格以上にあなたが価値があると判断した金融商品しか買いません。

つまり、楽しむ投資とは一言で言うと「一般論に物申す！」ということです。

あなたが、金融商品を買ったとするならば、あなたは、「一般論が付けている価値は間違っている！」という判断をしたことになります。

その「株価」にはあなたの判断も盛り込まれている

133ページでは、同じ商品を安く買うことでリターンが上がると説明しました。そして高く買うと反対にリターンは下がります。楽しむ投資で勝つためには、リスク対リターンをできるだけ最大化することが重要です。

どのように最大化するかというと「一般論が付けた価値」＝価格と、「自分が付けた価値」の乖離が大きいものだけに投資をするのです。

それでは、価格以上に価値のある金融商品をどのように購入できるのかを考えてみましょう。

実は、株の値段、すなわち価格には規則性がなく、ランダムに動くという説があります

（ランダム・ウォーク理論）。過去の値の動きに基づいて、将来の値の動きを予測することは不可能だとするものです。つまり、株のチャートなどを見て、株の価格の上がり下がりを予測することは難しいという説です。

77ページで書いたように、ユージン・ファーマは、「金融商品の価格には、その価格を決定するすべての情報が盛り込まれている」という説を唱えました。あなたが1500円で株を買おうとしたとき、あなたが「この株は1500円以上の価値がある」と判断した場合は、そのあなたの判断さえもすでに一般論として「価格」に含まれているということです。

あなたの判断だけでなく、世の中のあらゆる情報がその株の価格にすでに盛り込まれていると言います。この説の状況下で、市場のマーケットを超えるパフォーマンスを出すことは難しいので、自動投資のように、全世界の金融商品を自動的に買い、長期に運用するという手法が有効であるというわけです。

ワクワクする気持ちが「楽しむ投資」の醍醐味

しかし、この説に反論する意見もあります。2002年にダニエル・カーネマン、20

13年にロバート・シラー、そして2017年にリチャード・セイラーと、いずれも行動経済学という分野でノーベル経済学賞を受賞した人たちの意見です。

彼らによると、「経済学では人は必ずしも合理的な行動を取らない。時として非合理的だ」としています。さまざまな非合理な脳の癖を持った人たちは欲、恐怖、世論、情報に惑わされており、時として楽観論や悲観論が行き過ぎた状態になるといいます。この状態を認識することができれば、投資で勝つ確率を上げることができるのです。

簡単に言えば、もし人よりも先に「価格」と「価値」の乖離に気づくことができれば、それが価格に織り込まれる前に投資行動を起こし、価格以上の「価値」を得ることが可能であるのです。

楽しむ投資で勝率を上げるためには、価値の見極めかたを学び、自ら磨くのを楽しめることが大切なポイントになります。これが、楽しむ投資の本質です。

せっかく投資をするのであれば、自動でセットして終わりではなく、ワクワクした気持ちになりたいという方も多いことでしょう。

ワクワクする気持ちは投資をする醍醐味ですし、私は投資を楽しむために取り組んでいると言っても過言ではありません。楽しんだ先に、ボーナスとしてリターンがあると考えています。

楽しむためには、メインディッシュとサイドメニューの違いをしっかり理解して、自分が食べたい料理を無駄なくオーダーする必要があるのです。

金利を理解する

金融資産は「未来価値の約束」と62ページで述べました。この「未来価値の約束」の理解は投資を行う上で、とても重要な基礎知識です。深く理解するために、この言葉を「未来価値」と「約束」という二つの概念に分解して考えていきます。

まずは、「未来価値」について説明します。

今のお金の「価格」は一般論が付けた「価値」です。未来に得られるかもしれないお金の価値はあなたの予想にかかっています。そして、今のお金の価値（現在価値）と、未来に得られるかもしれない価値（未来価値）とを比べて投資判断をしていきます。

投資は、今のお金を未来の価値と交換する行為でした。

投資をしている人にとっては、今のお金と引き換えに、未来により多くの価値（ここではお金）が欲しいために投資をしています。一方で、相手側（投資先）は未来により多くのお金を払ってでも、今のお金を欲しています。

つまり、未来のお金が重要な人は投資を行い、今のお金が重要な人はその投資を受けるのです。

「今のお金」と「未来のお金」を交換するのに必要な最低料金を「金利」と言います。

金利についての理解を深めるために、投資が全くない世界を想像してみましょう。その世界には、1軒のピザ屋があります。ピザ屋の店主は1時間に10枚のピザを焼いて、1枚1000円で売っているとしましょう。この場合の1時間の売上は1万円です。店主は1時間に焼けるピザの枚数を増やしたいと思っています。

さて、投資がない世界において、店主にはどのような選択肢があるでしょうか。もっと腕を磨いて、1時間に15枚を焼くことができるかもしれません。しかし、焼ける枚数には限度があります。オーブン等の設備を増やせば、枚数をより増やせますが、現時点ではオーブンが買える資金はなく、働き続けてお金を貯める以外に方法はありません。

10年かけて貯まったお金で、ようやく新しい設備を買って、枚数を25枚に増やすことができました。もっと枚数を増やすためには店舗を増やす必要があります。そして10年間の歳月をかけてお金を貯めて、ようやく2店舗目を開店することができます。

このように、投資がない世界でも1時間に焼けるピザの枚数は徐々に増えていきますが、とても時間がかかります。

投資のない世界では、生産量を劇的に上げることはなかなか難しいのです。

一方で、投資がある実世界では、店主は2店舗目を開店するために10年も待つ必要はありません。自分のこれから稼ぐであろう未来のお金を、投資家に金利を払って、今のお金に変換することができます。店主は金利を払うことで、10年も待たずに生産性を上げることができました。

言い換えれば時間を買うことができたわけです。

店主にお金を貸した人は、特にお金を使う予定もないので、金利をもらうことで今のお金を未来のお金と交換することに同意しました。

このように、今のお金を必要としている人と、未来のお金を必要としている人の間で、金利を介して「時間」の取引が行われているのです。

このように未来のお金が欲しい人（お金を貸す側）から今のお金が欲しい人（お金を借りる側）へと資金を移動させるのが金融システムの役割そのものなのです。

5-1　人生のステージで投資の重要性は変わる

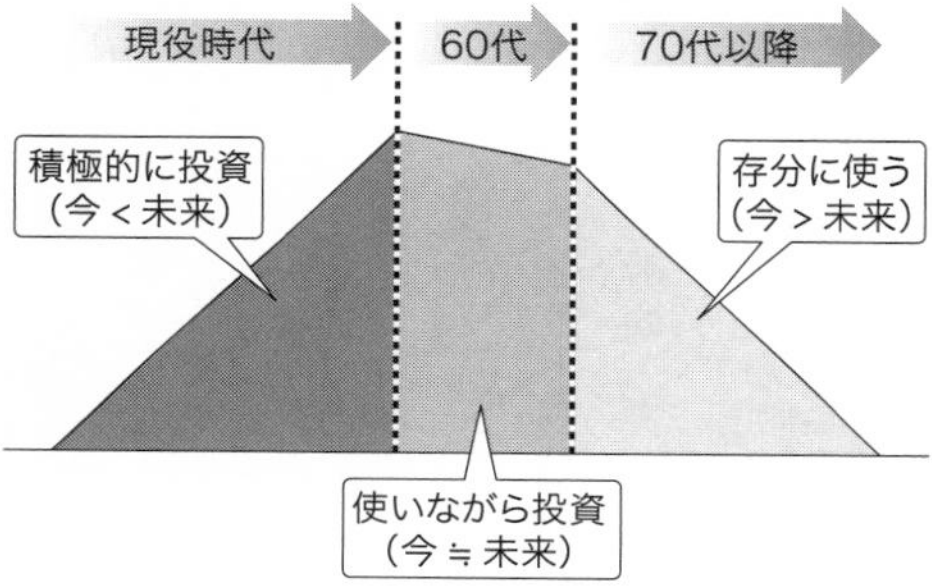

このようにして投資の世界は、必要としているところにちゃんとお金が流れるようになっています。そしてこのお金の流れを大きく左右するのが金利です。

金利が高い場合、「未来のお金」が欲しい人たちは意欲的に貸したくなり、一方で「今のお金」が欲しい人は借りるのに慎重になります。金利が低いときはその反対です。

今のお金と未来のお金のバランスは国レベルの経済でも重要ですし、個人レベルでもとても重要です。なぜかというと、人間には寿命があるからです。

私には幼い子供が4人いて、これから10年かけて出費がどんどん増えていくことが予想できます。そして、40歳の今が一番稼げるということもわかっているので、今のお金より、未来のお金のほうが重要だと考えます。そのため現在は、少しでも早く少しでも多くの投資を行っています。

60代になると、子供は巣立ち40代と比べて稼ぐことから自由に夫婦のセカンドライフを楽しむ方向に優先度がシフトしていくでしょう。徐々に未来のお金から今のお金に重きを置き始めます。でも、現代の老後は長いので、老後も夫婦でワクワクしながら過ごす資金を確保するために投資は続けるでしょう。

そして、70代になったら未来のお金の必要性はなくなり、今のお金を使って余命を存分に楽しむでしょう。これが私の生涯にかけての理想のライフスタイルです。

「今のお金」と「未来のお金」の価値を比べる

楽しむ投資の成功の秘訣は、投資商品から得られるであろう未来のお金は具体的にいくらなのかを正確に予想して、それを自分の支払った今のお金と比べることです。

未来のお金を今のお金と比べるためには、単位を同じにしなければなりません。

例えば日本円とUSドルを比べるときはドル円の為替レートを使って同じ単位に変換します。ドル円の為替レートが1ドル＝100円だとすると、あなたは100ドルと1万5000円、どちらが欲しいですか？　100ドルは1万円の価値しかないので、1万5000円のほうを選ぶでしょう。

これと同じように、未来のお金を今のお金と比べるためには、金利を使って同じ単位に

5-2 金利を使った価値の考え方

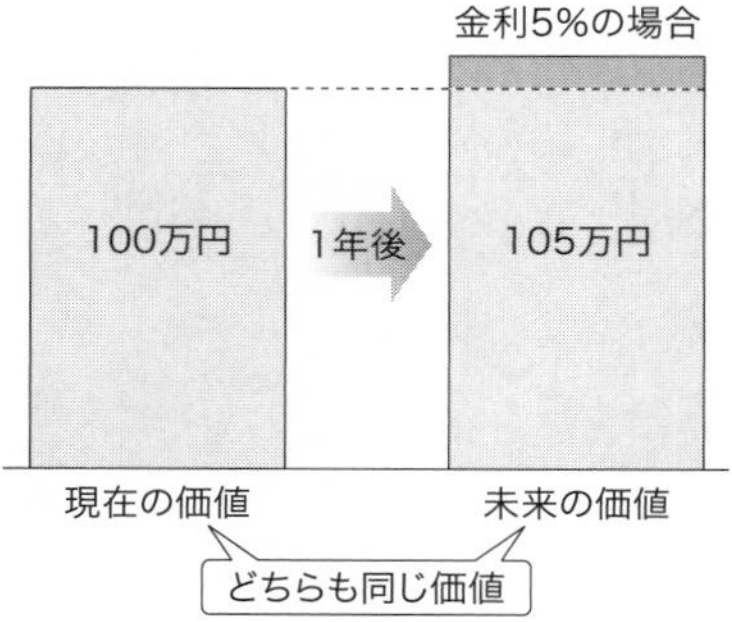

変換する必要があります。

例えば金利が5％と想定して、今の100万円は1年後にはいくらになるでしょうか。100万円を5％の金利を付けて貸すことができるので、今の100万円は未来の105万円と同じことになります（図表5－2）。今の価値を現在価値（Present Value）、未来の価値を未来価値（Future Value）と言い、これがすべての金融資産の価値を把握する上で必須の概念となります。

反対に1年後に105万円がもらえるという約束をされた場合の現在価値は105万円÷1・05％＝100万円という形で計算できます。

今の100万円と1年後の105万円は同価値ということがわかりましたね。

では、金利が5％から10％に上がった場合、1年後105万円をもらえるという約束は現在のいくらと同額でしょうか？

105万円÷1・10＝95万円ほどになります。

最後に金利が5％から0％になった場合を見てみましょう。

金利が0なので現在価値と未来価値は同額になり、105万円÷1＝105万円です。

ここで気づいていただきたいことは、金利の上下が現在価値と未来価値に及ぼす影響です。

金利が上がると現在価値は下がり、金利が下がると現在価値は上がります。

金利が上がるとそれにつられて世界中の資産価値は下がる方向に引っ張られます。金利が下がるとそれにつられて世界中の資産価値は上がる方向に引っ張られます。

このように、金利はすべての資産価値に大きな影響を及ぼすものなのです。

さて、話を最初に戻しましょう。「未来価値の約束」について、次に「約束」について説明します。

もしあなたが日本国にお金を貸した場合、そのお金が約束通り戻ってくる可能性は非常に高いといえるでしょう。反対に、日本ほど財力や経済的な安定性がない国にお金を貸した場合、そのお金が約束通り返ってくる可能性は幾分か下がるでしょう。

国だけでなく企業も、その規模や収益の安定性などによって、お金が返される約束が果たされるかどうか、可能性が高い企業と低い企業があります。

約束が果たされる可能性が高いものは、一般的にリスク対リターンが低く（資産価格が高く）、低いものはリスク対リターンが高い（資産価格が安い）といえます。

資産グループ＝アセットクラスについて

第2章では大きなアセットクラスが次の四つ存在すると紹介しました。

①現金等（現金、預金、定期預金）
②株式
③債券
④実物資産（金融資産として上場している）

①の現金等は、約束が果たされる可能性が一番高い資産です。

②の株式というアセットクラスには、先進国、新興・途上国、大企業、中小企業等のさまざまな企業が含まれていて、どのような企業かによって約束が果たせるかどうかが大き

く異なります。そして、未来に得られる価値の大小も変わってきます。

③の債券や④の実物資産についても、この中にはさまざまなものが混在しているため、未来価値の大小と約束が果たされる可能性が似ているものに、もう一段階細分化する必要があります。

株式、債券と実物資産はさらに四つのアセットクラスに細分化することができます。もちろん、さらに細分化することもできますが、これ以上に知識を詰め込んでもほとんどの人には不要なため本書では割愛します。

より細分化されたアセットクラスを理解する前に、まずは世界の金融資産の資産別配分を把握しましょう。

実は、2018年の段階で米国は世界の金融資産の40％近く（債券シェア40％、株シェア41％）を占めています（出典：sifma.“Capital Markets Fact Book”）。米国以外の国が発展するにつれて、この割合は変動することが予想されますが、米国資産が占める割合はいまだに高い状況なのです。

そしてもう一つ注目すべきは、一般的に馴染みのない債券のほうが株式より3割ほど大きな市場（債権100兆ドルに対して株式75兆ドル）だという点です。

株式とは何か?

株式は会社の所有権を表すものです。あなたが株式会社を設立して、その会社の株を全部持っているのであれば、その会社はあなたが実質所有していることになります。

あなたは、自分が設立した会社の所有権を小さく分割することができます。例えば会社の所有権を100分割した場合は、100株あるということです。その100株のうち、10株を私に売った場合、あなたは会社の9割を所有していて、私はその会社の1割を所有していることになります。

あなたがその会社を設立した理由は何らかの事業をして利益を上げるためです。私がその会社の10株（1割）を購入したのもその会社が事業をして得た利益が欲しいからです。

つまり、株式に投資をするということは、「今のお金」をいつか、いくらかもらえる会社の利益の一部という「未来のお金」と交換することなのです。

会社の売上から人件費や販売費などの費用を引いて、国に税金を支払って、最後に残った利益をあなたが持っている株式の数に応じてもらう権利があります。

例えばあなたの会社の売上が1000万円、経費や税金が900万円、最後に残った利益が100万円だとしましょう。あなたは会社の株式を100株中90株持っているので、100万円の利益の一部である90万円の権利があります。あなたの会社の株を10株持っている私は、残り10万円の権利があります。

この利益を実際にお金として配分してもらえるかどうかは、その時々の状況によって変わります。

株式の四つの種類

株式のアセットクラスは次のように四つに細分化されます。

①米国・大型株式（ラージ・キャップ株）

大型株式の定義は時代によって変わりますが、現在は時価総額（＝キャップ）100億ドル以上の企業を示しています。時価総額は「株式の価格×発行済株式数」で計算し、企業の規模を表していると理解していただければ十分です。

米国のS&P500という指数に入っている株式には、時価総額が100億以下の会社もありますが、一般的には大型株と定義されますので、本書でも米国大型株式＝S&P5

00指数を指します。

一般的に大企業は、中小企業と比べて価格の振れ幅が少ない（リスクが低い・リターンが低い）、未来の利益が安定している、倒産リスクが少ない、知名度が高く、安心感がある、そして、発行されている株式が多いので流動性が高く、保険会社や銀行などの機関投資家が好むと言われています。

つまり、小型株と比べて価値の未来価値が予測しやすく、約束を果たしてくれる可能性が高いアセットクラスになります。そのため、価格と価値に大きな乖離があることは少なく、長期的に安定したリターンが見込まれます。

S&P500指数に含まれる大型株に低コストで簡単に分散投資する方法として、例えばVOO（バンガードS&P500）というETFを購入することができます。

②米国・小型株式（スモール・キャップ株）

小型株は時価総額3億～20億ドルの企業です。大型株と比べると、価格の振れ幅が多い（リスクが高い・リターンが高い）、未来の利益が安定していない、倒産リスクがある、知名度が低く、発行されている株式が少ないので流動性が低くなる場合があるといった特徴があります。

価値の未来予測が比較的困難で、約束を果たしてくれる可能性も比較的低いアセットクラスです。だからこそ、価格と価値に大きな乖離があり大きなチャンスがつかめる可能性もあります。

米国の小型株に低コストで簡単に分散投資する方法として、例えばＶＢ（バンガード・スモールキャップ）のようなＥＴＦを購入することができます。

5-3 アセットクラス：株式

①	米国・大型
②	米国・小型
③	米国以外の先進国 （日本、イギリス、ドイツなど）
④	新興・途上国 （中国、インド、ブラジルなど）

③米国以外の先進国株式

このアセットクラスには主に米国を除く先進国の大型株式が含まれます。この中には日本を代表するような企業も入っていますし、あなたが聞いたことがあるようなイギリス、ドイツ、オーストラリアの企業も入っています。

例えば米国を除く先進国に投資するには、ＶＥＡ（バンガード・ＦＴＳＥ先進国市場）のようなＥＴＦを購入するといいでしょう。

④新興・途上国株式

このアセットクラスには主に新興国市場の大型株式が含まれます。この中には中国、台湾、韓国、インドやブラジルの大企業が含まれています。

新興国に広く投資するには、例えばＶＷＯ（バンガード・ＦＴＳＥ・エマージング・マーケッツ）のようなＥＴＦを購入します。

債券とは何か？

そして、世界一のアセットクラスである「債券」（国債・社債）も四つのグループに分けられます。投資を行う上で、株式以上に、債券の理解は大事なのですが、ほとんどの人が債券の基本的な知識を持っていません。

債券は「今のお金」と「未来のお金」を交換する投資商品です。英語で「Fixed Income」（フィクスト・インカム）と言います。直訳すると「固定収入」という意味で、決まったときに決まった金額をもらう約束です。長い期間（1年以上）の定期預金のようなものだと理解するといいでしょう。ただし、お金を貸した先によっては、きちんと約束を果たしてお金を返してくれるのかを見極める必要があります。

債券のことをより理解するためには、先に述べた金利の理解が必要です。

私がこれまでお金の話をしてきて一般的に一番理解が難しいと思うのが、「市場の金利が上がると、あなたの買った国債の価値が下がる」という関係です。

これを理解するためには、あなたが国債を買ったときの「あなたの金利」と「市場の金利」の二つがあるということを知ることが大切です。

わかりやすく具体的なケースを見ていきましょう。

ケースA：市場の金利が2%から5%に上がった

あなたが2%の金利が付く国債を100万円分購入したら年間2万円の利息がもらえます。しかし、市場の金利が2%から5%になりました。さて、あなたの買った国債の価値は上がったのか、下がったのでしょうか。

あなたは2%しか金利がもらえない国債を持っていますが、今から国債を買う人は5%の金利がもらえる国債を買えることになります。その人と比較して、あなたの国債の価値は下がりましたね。

ケースB：市場金利が2％から0％に下がった

あなたが買った国債からは約束通り2％（年間2万円）もらえます。しかし、市場の金利は2％から0％になりました。さて、あなたの買った国債の価値は上がったのか、下がったのでしょうか。

あなたは2％も金利がもらえる国債を持っていますが、これから国債を買う人は金利がゼロの国債しか買えませんね。それと比較して、あなたの国債の価値は上がりました。

さらに債券は、金利の理解のほかに「物価」についても頭に入れておく必要があります。

ケースC：物価が5％上がった

あなたが買った国債からは約束通り2％（年間2万円）もらえます。しかし、1年後の物価は5％上がったので、あなたの購買力は下がってしまいました。名目リターン・実質リターンの話を思い出してください。この国債の名目リターンは2％ですが、物価が5％上がったので実質リターンは2％－5％＝マイナス3％なのです。物価が上がる（現金価値が下がる）と債券の価値は下がることになります。

ケースD：物価が変わらなかった

あなたが買った国債からは約束通り2％（年間2万円）もらえます。そして、1年後の物価は変わらなかったので、あなたの購買力も変化しません。この国債の名目リターンは2％、物価の変動は0％なので実質リターンは2％－0％＝2％が実質リターンです。

国債は長期にわたる定期預金のようなものです。1％の金利がもらえる定期預金をしたとしましょう。10年後に物価が5％上昇していたとすると、定期預金の価値があまりないですよね。国債もこれと同じで、インフレにとても弱いのです。

しかし、それでも債券が世界一のアセットクラスである理由は「決まったときに、決まった現金が戻ってくる」という安心感があるからです。

そして、市場が正常に機能しているときには、国債は物価の上昇率以上に金利が付くように取引されます。

例えば、物価が確実に5％上昇することがわかっていれば5％以上の金利が付かなければば国債を買うメリットがないのが一般的です（注意：マイナス金利になるとこの関係性は壊れます）。

債券の四つの種類

①米国・長期国債

このアセットクラスは20年超の米国国債を示しています。長期の国債は、市場金利と物価の影響を受けやすい資産です。「今のお金」を「20年後のお金＋20年間毎年の利息」と交換しているので、今から20年間にかけて物価がどうなっているかが重要です。

また、経済がよくなると一般論が予想している場合は、一般的に価格が下がり（金利が上がる）、経済が悪くなると一般論が予想している場合は価格が上がり（金利が下がる）ます。

このアセットクラスに投資するには、20年を超える米国長期国債と同じ値動きを目指すTLT（iシェアーズ米国国債20年超ETF）のようなETFを購入します。

②米国・短期と中期国債

このアセットクラスは10年未満の米国債を示しています。国債は期間が短くなればなるほど、市場金利と物価の影響を受けにくくなりますし、中央銀行の政策に反応しやすくなります。

例えばVGIT（バンガード米国中期国債ETF）のようなETFで、このアセットクラスに投資をすることができます。

③米国以外の債券

米国以外の先進国及び新興・途上国の国債です。

例えばBWX（SPDRブルームバーグ・バークレイズ・インターナショナル国債ETF）のようなETFに投資をすることができます。

5-4
アセットクラス：債券

① 米国・長期
② 米国・短期と中期
③ 米国以外
④ 社債

④社債

国ではなく企業にお金を貸して発行されるのが社債です。国と比べ約束が果たされる可能性は下がりますが、幾分か高い金利が得られるようになります。市場金利と物価以外に、企業の経営や収支にも影響を受けます。

例えばVCLT（ブルームバーグ・バークレイズ 米国社債〈10年超〉インデックス）のようなETFで投資をすることができます。

実物資産の四つの種類

金融資産として上場している実物資産も四つに細分化します。

①米国物価（インフレ）連動債（TIPS）

物価連動債（インフレ連動債）は、物価が上がるにつれ、元本が調整される債券です。

通常の債券は決まったときに決まったお金しかもらえないので、物価が上がると実質的に得られている価値は下がっていきます。物価連動債は、今のお金を「未来の物価調整されたお金」と交換する投資です。

例えばVTIP（バンガード・米国短期インフレ連動債ETF）のようなETFです。

②コモディティー

コモディティーは需要があり、消費ができるものです。穀物、工業貴金属、石油などです。

例えばDBC（インベスコDBコモディティインデックスファンド）のようなETFです。

5-5　アセットクラス：実物資産

① 米国物価（インフレ）連動債（TIPS）
② コモディティー（実物資産）
③ 金（ゴールド）
④ 不動産投資信託（REIT）

③金（ゴールド）

世界の中央銀行によって唯一お金の代替として位置付けられている資産です。現金価値が下がったり、貨幣システムが脅かされたり、政治不信や経済不安が広がると上昇する傾向があります。

例えばIAU（iシェアーズゴールド・トラストが運用するETF）のようなETFです。

④不動産投資信託（REIT）

REITとはReal Estate Investment Trustの略で、投資者から集めた資金で不動産への投資を行い、そこから得られる賃貸料収入や不動産の売買益を投資家に配当する商品です。今のお金を「未来に不動産から得られる価値」と交換しています。
例えばＶＮＱ（バンガード不動産ＥＴＦ）のようなＥＴＦです。

以上が、楽しむ投資を始めるに当たって必要となる基本知識です。少し難しく感じられたかもしれませんが、本書で述べたことさえ理解できれば準備段階としては十分でしょう。
本格的に楽しむ投資の醍醐味を味わいたいという方は次の章に進んでください。

第6章

「楽しむ投資（α）」の勝率を70％に引き上げる

さらに勝率を上げるための三つのステップ

前章の基礎知識を理解できた段階で、ようやくあなたは楽しむ投資のスタートラインである勝率50％の地点に立つことができました。

しかし、勝率50％ではプロやＡＩには勝ち目はほぼありません。勝率を、55％、60％、65％以上へと上げるためには、次の３ステップを踏む必要があります。

ステップ①経済の季節当てゲームを攻略する〈勝率55％へ〉　ちょいリード
ステップ②選択日記でフィードバックする〈勝率60％へ〉　投資のセミプロ
ステップ③コンセンサス以外の分野を狙う〈勝率65％以上へ〉　立派な投資家

ここで気づいていただきたいのは、立派な投資家になったとしても、勝率は70％程度。つまり、10回に3回以上は負けるということです。負けが10回連続で続く可能性も十分にあります。

「儲ける」ために投資をしている人は、10回連続で負けたとしたら、嫌になって投資をやめてしまうでしょう。しかし、「楽しむ」ために投資をしている人は、負けが続いて、その期間儲けることがなかったとしても投資を続けることができます。

なぜなら、投資をすることで学びがあり、学ぶことに楽しさを感じているからです。そして続ければ続けるほど最終的には、勝つ可能性が高くなるのを知っているからです。

さらに、ボーナスステップとして、勝率70％以上を狙いたい人向けに、安く買って高く売る（バリュー投資）と、高く買ってより高く売る（テクニカル投資）についても簡単に解説します。

ステップ①　経済の季節当てゲームを攻略する〈勝率55％へ〉

勝率を55％に引き上げるためには、第2章で説明した経済の四つの季節を当てる努力をする必要があります。これを私は「季節当てゲーム」と呼んでいますが、このゲームには究極の攻略法があります。その攻略法の中でもカギとなるのが「信用」の理解です。

経済の四つの季節とは、一般論と比較して景気と現金価値の行方を予想するものでした。これを予想するために必要なのが、経済における信用の理解なのです。

経済とは取引の合計であり、お金あるいは信用を、モノ、サービス、他の資産と交換することが取引である、と65ページでお伝えしました。実は、その取引のほとんどはお金ではなく信用で行われています。お金5％に対して、信用95％のイメージです。

モノ、サービス、資産やお金の総量は日々変化しますが、その変化は比較的安定しています。反対に信用の量は、膨張や縮小のスピードや度合いも大きく、政治家や中央銀行の一存、そして世論の影響を受けて急変していきます。そして、一度方向性が定着すると、それは長期間（20年以上）続いていく傾向があります。

さらに信用は、経済の中でも一般的に一番理解されていない概念です。つまり信用の理解ができれば、それを理解していない一般論と比較して、経済と現金価値の行方を高確率で当てることができるようになるのです。

信用はとても気まぐれな性格を持っています。「信用を築くのは一生、失うのは一瞬」という言葉があるように、経済における信用もいつ崩れるのかは全く読めません。そればかりか、経済における信用は、集団心理に大きな影響を受けます。

私は金融マンだった頃、リーマンショックが起こり、信用が一気に崩れる様子を目の当たりにしました。世間が「危ない！」と思った企業や銀行は一瞬で信用がなくなり、その結果お金が引き揚げられ、瞬時に倒産に追い込まれていきました。

2020年初頭から起こっているコロナショックでも、世界中の信用が一瞬にして消えました。世界的な行動制限によって取引が急激に減少し、支出が減ることで企業の収入が減り、雇用を維持できなくなることで失業率が上がり、より収入が減っていくという悪循環に陥っています。

この状況を打破しようと、世界各国は信用を取り戻すためにさまざまな政策を行っています。その結果次第では、この気まぐれな信用の中に、大きなチャンスが眠っているのです。

信用は、一瞬で大きな振り子のように極端に振れる性質を持っています。ですので、この性質を逆手に取れば、楽しむ投資で大成功することができます。

第2章で一般論を予測することは不可能と書きました。しかし、そこには重要な文言が抜けていました。

確かに一般論を「継続的」に予測することは不可能ですが、極端に大きく振れたときであれば、その揺れの方向に逆張りをすることで、現金価値の方向を高確率で当てることができるのです。

振り子が大きく振れるのを待つ忍耐と、振れたときにそのチャンスをものにできる資金と心の準備が整っていれば、大きなチャンスを得て、理想のライフスタイルをぐっと引き寄せることができます。

経済を動かす「信用」を理解する

信用のことをより詳しく理解していきましょう。

世の中に出回っているほとんどのお金は、中央銀行の影響をもとに民間銀行が作っています。民間銀行は、信用がある人や企業にお金を貸した瞬間、経済に新しいお金が生まれます（図表6－1）。

そしてその新しいお金を使って取引が増えることで、経済はよくなります。反対に人や企業の信用が低ければ銀行はお金の貸し渋りをし、経済に新しいお金は生まれずに、取引

6-1　信用によって新しいお金（取引）が生まれる

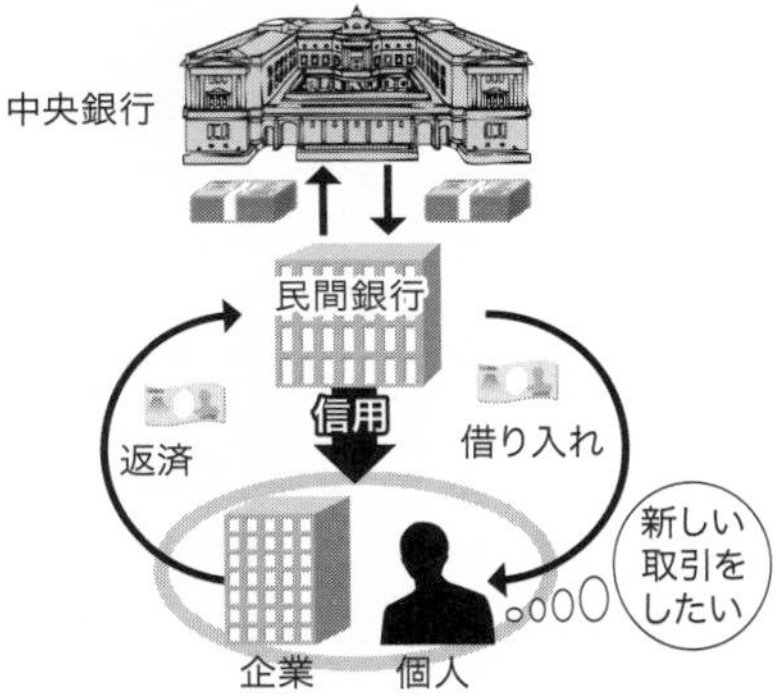

量が減り、経済は停滞します。
構造はシンプルです。民間銀行は、何もないところからお金を作り出せるということと、民間銀行にお金を提供する中央銀行も、何もないところからお金を作り出すことができるということです。

6-2　金利で経済のバランスを調整している

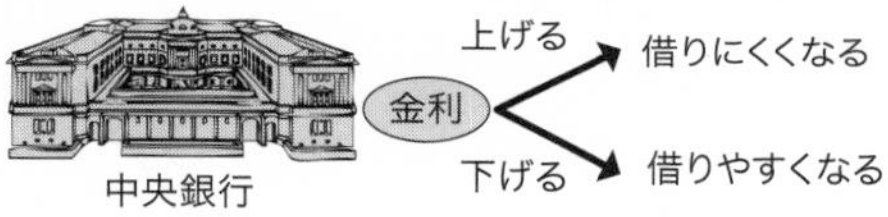

そのお金の額は、民間銀行では借りる人の信用に依存し、中央銀行では国の信用に依存しています。経済システムを支えているのは、信用そのものだということが理解できたでしょうか。
信用が増えると取引が増加します。取引が増加すると経済はよくなります。しかし、物価も上がり始めます。
物価が上がり過ぎてしまっても困るので、中央銀行は、物価と経済状況を考慮して、金利を上げたり下げたりして経済の舵を取ろうとします。
金利を上げるとお金が借りにくくなるので経済が減速します。金利を下げるとお金が借りやすくなるので経済が加速します。金利を上げたり下げたりするのは、車のブレーキとアクセルのようなものです（図表6－2）。

私が予測する未来

信用の基本構造について理解していただいたところで、私の未来予測について共有したいと思います。現在の経済状況を踏まえた上で、私が考える未来予測は次のようなものです。

現在の世界の金利は0％に近い状況です。そして、近代歴史上前例がないほどに最長の米国景気拡大期間の直後に、コロナショックという戦後最大の危機に直面しています。世界各国の中央銀行は、経済システムが破壊されないようにアクセルを踏んで金利を下げお金を刷り、経済を回復させようとします。しかし、すでに世界の金利は0に近い状況です。つまり、これ以上にアクセルを踏むことはできないことを意味します。

アクセルが踏めない中央銀行は、さまざまな経済政策を施してお金の量を増やそうとします。しかし、ショックによって信用は大きく失われているため、手の施しようがありません。

先ほどお伝えしたように、経済にはお金より信用のほうが及ぼす影響は大きいので、中央銀行だけの力では回復できないでしょう。

6-3　経済の四季で変わるさまざまな投資先

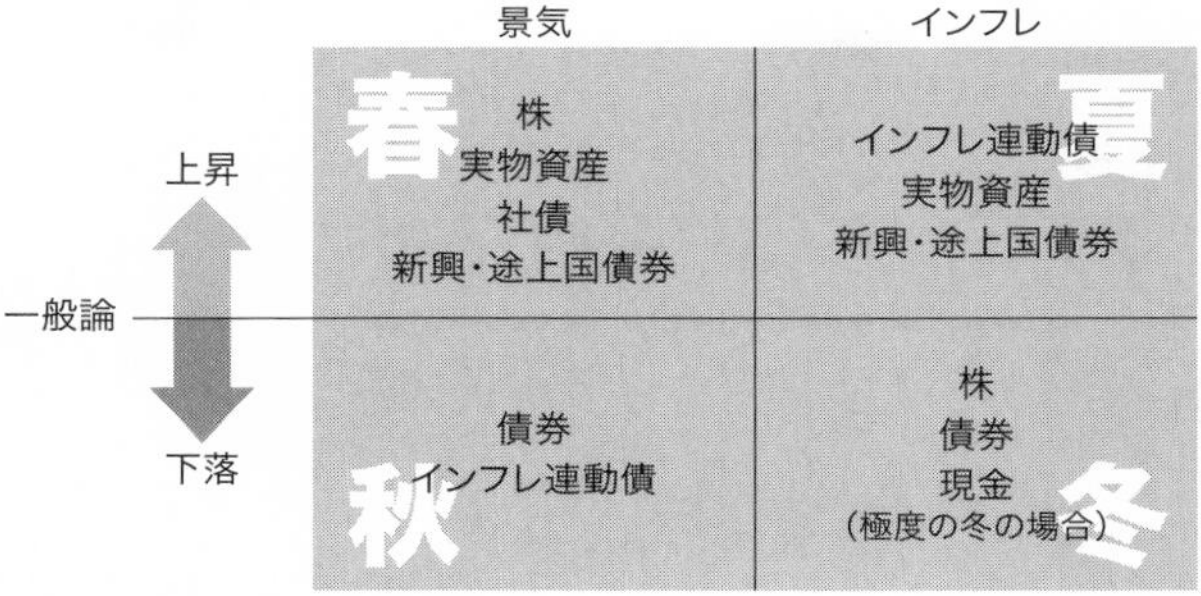

参考：Bridgewater Associates, LP. “The Allweather Story”

そこで中央銀行は政府と手を組み、金融市場を通さずに、政府の借金を直接買います。政府はこの新しく刷られたお金を国民に直接渡すことで取引を活性化しようとします。このような政策を、ＭＭＴ（Modern Monetary Theory）＝現代貨幣理論と呼びます。

ここで一般論はどうなっているのかを見てみましょう。

ショックが起きて株式市場が暴落するとき、一般論は超悲観的になっています。中央銀行が何かの施策をしだすと超楽観的になります。政策が効果なく終わると超悲観的になり、ＭＭＴが始まると超楽観的になります。

そしてこの一般論が「すべてはうまくいくだろ

6-4　悲観的な予測時の自動投資の例

アセットクラス	銘柄	割合	金額	無知税対策
株式	ニッセイ外国株式インデックスファンド	34%	23,000円	iDeCo口座で購入
株式	VT	17%	11,560円	NISA口座で購入
株式合計		51%	34,560円	
債券	BND	17%	11,560円	NISA口座で購入
実物資産	VAW	32%	21,880円	〃
	合計	100%	68,000円	

6-5　悲観的な予測時の楽しむ投資の例

アセットクラス	銘柄	割合	金額	無知税対策
金（ゴールド）	IAU	25%	50,000円	NISA口座で購入
実物資産全般	VAW	25%	50,000円	〃
新興・途上国債券	VWOB＊1	12.5%	25,000円	〃
新興・途上国株	VWO	12.5%	25,000円	
インフレ連動債券	VTIP	25%	50,000円	〃
	合計	100%	200,000円	

＊1：バンガード・米ドル建て新興国政府債券ETF
注1：銘柄は参考で購入推薦をしているわけではありません
注2：銘柄、税制は変動するので自己責任で調べて行うようにしてください
注3：ETFは金額指定ができません。金額と割合は目安です

う」という方向に振れているとき、季節当てゲームをしている私は、違う方向を予測しています。この先数十年にかけて、実体経済は減速し、基軸通貨が崩壊するほど現金価値が下がると考えているのです。

ここで私が投資すべきものは明白です。夏と秋に強い資産、つまり実物資産である金《きん》やインフレ連動債券、そして極端に安くなったタイミングで新興・途上国債券や株式に追加投資をします。

企業年金がない会社員の場合であれば、自動投資を図表6-4の配分で行います。

この配分に加え、楽しむ投資の季節当てゲームで特定した実物資産（金）、インフレ連動債と新興・途上国債券を買い増しします。原資はボーナスでもらった一時金や出費を削って浮いた部分を使います。例えば20万円で追加購入した場合の参考例は図表6-5のようなものです。ポイントは、自動投資と楽しむ投資を明確に分けて考えることです。

これが、自動投資に追加して、楽しむ投資も狙う方法です。

これであなたの理想のライフスタイルの実現が近づいていきます。

長期的に投資をすることの意義

自動投資では、長期的に運用することが大事であると話をしました。楽しむ投資でも、長期に投資を行うことがとても重要です。長期的にやらなければ勝てないと言っていいでしょう。今日買って来月売るなどの短期的な投資は、投資ではなくギャンブルです。

なぜ、長期的に投資をする必要があるのかというと、第1章で話をした通り、経済は長い目で見ると確実に成長しているからです。短期的に見ると、デフレで停滞したり、株が大暴落したりすることもありますが、長い目で見ると、確実に成長し続けます。

楽しむ投資を10年間で10回行ったとして、1~9回目では負けたとしても、10回目で大きなリターンがある可能性が十分にあります。9回未満でやめてしまっていたら、この恩恵を受けることはできません。

また、先ほど話をした通り、金利がゼロになって、中央銀行もなすすべがなくなったとき、現金の価値は間違いなく下がります。

つまり楽しむ投資では、季節が明らかに判断できるときを、準備して長期でじっと待ち、明らかに季節がわかるというときになったら動く、そのチャンスを狙えばいいのです。

私の個人的な意見としては、信用の理解をして、季節当てゲームをすれば、勝率は55％どころか、それ以上に大きく跳ね上げることができると考えています。

ステップ②選択日記でフィードバックする〈勝率60％へ〉

「楽しい」と思えなければ長期的に投資を続けることはできません。

楽しむためのポイントは、自分の投資行動にフィードバックをして振り返り、検証をすることです。

自分が行ったインプットと未来に出てきたアウトプットに対して、フィードバックを加えることで、投資行動を改善することができます。

インプットを振り返ってみると、自分がどんな脳の癖を強く持っているかを知ることができ、次回の投資行動を少し変えてみるなどの改善をすることができます。

反対に一切の振り返りがなければ、人は自分の投資行動を正当化しようとするので、いくらでも言い訳をしてしまいます。

脳の癖は、欲や恐怖に突き動かされ、感情的になればなるほど強く出てしまうのですが、次に紹介する「選択日記」を活用すると、冷静な気持ちで検証することができるようになります。

選択日記のススメ

選択日記はネット上で作成することができます。私がお勧めする選択日記は「Tradingview」（https://jp.tradingview.com/）というサイトで、無料で利用することもできます。

選択日記のつけ方は次の4ステップです。

①いくらで、何を、なぜ買うのかを決める

まず、いくらで何を買うのかを決めます。アプリを使えば、ボタン一つで、いくら買うのかを記録することができます。

私が投資を始めた当初につけていた選択日記は、紙のノートに株価のチャートを張ったりして、アナログなものでした。しかし現在は、「トレーディングビュードットコム」のようなサイトで、「APPLEの株」と検索すれば、一発でアップルのチャートが出てきます。

金融商品を買うときに大切なことは、なぜそれを買いたいのかの根拠をメモしておくことです。このメモは、後ほど行う検証の材料になります。

②結果をあらかじめ決める

次にすべきことは、結果をあらかじめ決めるという作業です。価格が「マイナスは5ドルで損切りし、プラスは20ドルになったら確定させる」というように、ボタン一つで決めることができます。

結果の決め方は、自分の手元の資金を何倍にするかで考えます。5ドルのリスクを取り、最大の20ドルのプラスに設定すると、リターンは4倍になります。このようにしておくと、プラスになったときは持ち続け、マイナスになったらすぐに切ることができます。

しかし、実際に多くの人はこの反対の判断をしてしまいます。少しプラスになるとすぐに売ってしまい、マイナスが続いても、「いつか戻るだろう」と思ってなかなか損を切ることができません。そして、取ったリスクと見合わないリターンになってしまいます。そのような行動を取らないためにも、あらかじめ結果を決めることはとても重要なのです。

ここまで記入したら、日記を保存して、自分だけが見られるように限定公開にしてアップしておきましょう。

③結果が出たら検証する

数カ月後にアップしたチャートを見て、自分の判断がどうだったかを検証してみます。買った商品、額、損切りや利益確定をどのように決めていたかを冷静に検証していきます。メモ欄を見ると、なぜその商品を買ったのかが書いてあるので、言い訳はできません。例えば「○○の要因で、収益が上がると予想できるから」と書いてあったにもかかわらず、結果は収益が全然上がっておらず、そのために株価も上がっていないとしたら、「今後は原因となる○○の分析や収益の見方をもっと勉強しよう」というように行動できます。

私がこの選択日記をつけることで発見したのが、自分の中に強くある「早く儲けたい」という癖でした。選択日記をつける以前は、購入する限度額も決めず、早く儲けたい勢いでどんどん買ってしまい、気がつくと資金がなくなってしまっていることが多かったのです。

しかし、選択日記をつけて検証するようになると、明らかに自分は前のめりで買い足していることがわかったのです。日記には、明確に自分の癖が出ているので言い訳ができず、認めざるを得なくなります。

選択日記の検証は、己を知り、投資行動を改善するためにとても有効です。

④他人からのフィードバックをもらう

できれば、選択日記は自分一人で検証するのではなく、仲間を作って、フィードバックをもらうとなお効果的です。

選択日記をつけていながらも、人はさらに言い訳をして暴走するという可能性もあります。そこで、他人の意見を取り入れることで、暴走の確率を下げる仕組みを作ってしまうのです。他人に見られていますので、言い訳もしにくくなりますし、チームの中で切磋琢《せっさたく》磨《ま》することができます。

さらに、未来予測の答え合わせをみんなで行うことは、1人で投資をする以上に楽しく大変お勧めです。

ステップ③ コンセンサス以外の分野を狙う〈勝率65％以上へ〉

勝率を65％以上に引き上げるためには、コンセンサス以外の分野を狙うことです。コンセンサスとはいわば一般論。一般論に物申すことが勝率を引き上げるコツです。

現在のコンセンサスの一例は「先進国の人口が減り、新興・途上国の人口が増えている」「AIの技術革新がすさまじく業界が活況を呈している」などです。

その一般論に対して、例えば、「人口が減っている先進国にこそ新しいチャンスがある」「AIができないアナログなものに価値が置かれる時代が来る」など一般論とは違う発想をし、その周辺に投資をしていきます。

コンセンサス以外を狙うポイントは、「参入障壁」と「2次元思考」の二つです。

①「参入障壁」を意識する

金融商品を買う場合は、プロの人たちの参入障壁が高いものを選ぶようにします。例えば時価総額が低い株、流動性が比較的ない投資、ビットコインのように投資商品としてまだ確立されていないものなどです。

プロの機関投資家は、運用している金額や投資家に対する説明責任を果たす必要があります。

しかし一般の人であれば、どんな投資でも自由に選ぶことができ、誰にも説明する必要はありません。例えば、プロの投資家が知らない地元の墓石の会社に投資をすることも可能です。

プロの投資家は絶対に買わないが、市場がつけている価格よりも「価値」ある株を見つけて、そこにいち早く投資をすることができれば、勝率を引き上げることは可能です。地味な分野や活発になっていない分野、あるいはローカルな分野が、コンセンサス以外の部分です。俗に言うニッチなものであり、プロが目をつけにくい分野です。

②「2次元思考」を意識する

「2次元思考」というのは、ちょっと聞き慣れない言葉かもしれません。簡単に言うと、世の中のほとんどの人は持っていないが、自分だけ、あるいはほんの限られた人だけが持っている、独特の視点のことです。そうした視点があれば、他の人が目をつけていない情報を検証し、価値があると判断した場合に投資をするのです。

2次元思考は、自分の感覚や意見だけでなく、一般論がどのように思っているかまでを考えることです。

この2次元思考を金融用語では「美人投票」と言います。

これは、経済学者のジョン・メイナード・ケインズが投資家の行動パターンを表すたとえ話として使った言葉です。

ケインズは金融市場での投資行動は美人コンテストに似ていると考えました。それを踏まえ、株式市場で利益を上げるには、「自分が美人だと思う女性」を選ぶのではなく、「一般論が美人だと思う女性」を選ぶべきだと主張しました。

例えば、不動産の例で話しましょう。現在、都心部のマンションを購入するのは、安いでしょうか、高いでしょうか。

私は、「安い」と考えたとします。これが1次元思考です。

2次元思考は、「安いとは思うけれど、一般論は高いと思っているので今は買わないでおこう」と考えます。先の先を読んで投資をするというイメージです。ちなみに一流のプロ投資家は3次元にも4次元にも思考を巡らせることができます。

バリュー投資とテクニカル投資〈勝率70％以上へ〉

投資はとても奥が深く、やればやるほど楽しくなります。そして楽しくなるほどレベルアップし、より楽しくなるという好循環になります。

ボーナスステップでは、アセットクラスをより細分化する（個別銘柄レベルまで細分化は可能）ことや、バリュー投資法とテクニカル投資法というもので購入のタイミングや投下資金の効率化を図ることができます。

バリュー投資（安く買って、高く売る）

バリューとは、日本語で価値という意味です。バリュー投資は価格以上に価値がある資産に投資をする方法です。この方法はウォーレン・バフェットが実践している方法です。アセットクラスを個別銘柄レベルに細分化して、バリュー投資をするためには、その銘柄の財務と利益状況とリスク要因の把握が必要になります。

詳しくは私が運営しているコミュニティーや講座で教えていますが、本書ではその触りだけ説明します。

まず次の六つの点を検証します。

①1株当たりの純利益が上昇傾向か？
②自由に使えるお金（フリーキャッシュフロー）が増えているか？

③会社が投資をしているお金で効率よく稼いでいるか？
④借金が多いのか？　そして、ちゃんと返せるか？
⑤他の企業と比べて競争力があるか？
⑥一定期間利益が出せて上昇傾向にあるか？

これらを検証したら、次に適正価格を計算します。そして、その価格以下になるまで待つか、あるいはオプション戦略（株価に対しての保険のようなもの）で待っている間に利益を稼ぎ出します。この保険は誰でも買うことができますし、売ることもできます。例えば現在の価格が１００ドルの株を95ドルになったら買いたいと考えているとしましょう。

価格が下がるまで地道に待つこともできますが、株価が下がることを恐れている人に保険を売って、待っている間も稼ぐことができます。

基本的には検証が容易にできるようなツールや計算機を使いますので、慣れれば10分程度で購入すべき適正価格が把握できるようになります。

テクニカル投資（高く買って、より高く売る）

テクニカル投資は、今の市場の価格動向から今後価格がどう動くかを予想する分析方法です。テクニカル投資にはチャート分析やテクニカル指標があります。

投資の原理原則は長期で行うことだと繰り返し話をしてきましたが、テクニカル投資では短期の値動きも味方につけることができる可能性が高くなります。

楽しむ投資でも投資先を「分散」する

コンセンサス以外を特定して投資をすることが大切と言っても、特定の分野だけの金融商品を狙えばいいという意味ではありません。

あなたが、もし特定の技術を持つ国内のある町工場のことをよく知っていて、関連の特許も持っているとしましょう。だからといって、町工場の株だけを買いあさるとすると、リスクは高くなります。

町工場を1個の投資先として、できれば複数のコンセンサス以外のものに投資をしていくことで、リスクは分散されていきます。例えば、町工場の他に沖縄の不動産のことを誰にも負けないくらいよく知っているとしたら、不動産にも投資する方が、同じリスクでより高いリターンがもらえるようになるのです。

つまり、楽しむ投資においても、第2章の自動投資の場合と同じように、「同じリターンを低いリスクで得るには、複数の資産に分散投資するのが有効」ということです。

この手法はいろいろな考え方に応用が利き、次章から説明する「教養投資」の柱となる要素でもあります。

さて、楽しむ投資の説明はここで終わりです。前述のステップを踏むことで、投資の勝率を上げ、低リスクで、高いリターンを得ることが可能です。

あなたの理想のライフスタイルを実現するために、活用してみてはいかがでしょうか。

第7章

生涯賃金がアップする「教養投資（λ）」

「教養投資（λ）」のインプットは「時間」、アウトプットは「生涯賃金」

自動投資で将来の生活の不安を消し、楽しむ投資で爆発的なリターンを得る科学的な方法をお伝えしてきました。しかし、まだあなたの理想のライフスタイルの実現には不十分です。

理想のライフスタイルを短期間で効率よく実現するためには、金融商品への投資に加えて「教養投資」が必要です。

自動投資や楽しむ投資では、お金を金融商品に投資してきました。

一方で、教養投資では、「時間」をあなた自身に投資していきます。

あなたの理想のライフスタイルを実現するために最も必要なことは、あなたの問題解決能力を高めて、「生涯賃金」をアップさせることなのです。

自動投資や楽しむ投資でインプットするものは、お金でした。一方教養投資では、あなたの時間をインプットし、最大のアウトプットを生み出していきます。

ここで少しおさらいをしましょう。

価値とは、問題解決の対価だと説明してきました。あなたが自分の時間を使って、社会の悩み、つまりは、まだ解決していない問題を解決すると、報酬として価値が生まれ、その価値をお金（給料や報酬）という資産という形でもらうことができます。これは、アルバイトでも、フリーランスでも、事業家でも同様です。

価値は問題解決の対価なので、より多くの人が解決したいと思っていることを解決することができれば、あなたはより多くの価値を得ることができます。反対に、すでに人や社会が持っていて、いらないものは価値が低くなります。

つまり生涯賃金とは、あなたの人生において、いかにあなたが社会の問題を解決したかを表した指標なのです。

日本人の生涯賃金の平均値は約2億円だと言われています。これは、生涯をかけて、2億円分の価値を提供したことを意味します。

あなたがこれまで得てきたお金（給料や報酬）と、これから稼げるお金の合計があなたの人生で得ることができる生涯賃金です。そして、その生涯賃金は、あなたの問題解決能力によって決まるのです。

金融商品に投資をして得られるリターンとは、投下した資金に対して得られる儲けでした。100万円を投資して10万円の儲けがあったらリターンは10%です。

教養投資で得られるリターンは、投下した時間に対して得られる価値です。例えば10時間を投資して10万円の価値を創った場合は、1時間当たりのリターンは1万円です。教養投資のゴールは、飛躍的にこの生産性を上げることです。生産性を向上するために、やるべきことはシンプルです。少ない時間で、より多くの問題を解決すればいいのです。

そのためには、無駄な時間を引き算し、問題解決能力を足し算する必要があります。

それでは、まずは無駄な時間を引き算するところから始めましょう。

「何をやらないか」を明確にする〈勝率50%以上へ〉

自動投資や楽しむ投資では、リスクを分散するためにも、あらゆる金融商品に分散投資するのがルールでした。

教養投資では、分散投資ではなく最大限の集中投資をしていきます。つまり、あれやこれやと「やること」を増やすのではなく、まずは何を「やらない」かを明確にしてそれを容赦なく切り捨てます。

お金の投資をする上で、成功の妨げになる脳の癖を紹介しましたが、実は私たちの生産性を制約する脳の癖があります。

それは「すべてをやる」という癖です。

時間・お金や体力が限られていることは、誰もが頭では知っているにもかかわらず、それでも「やりたいことはすべてやろう」という無謀な考えが湧き出てくることがあります。

この考えがある以上、生産性の向上は見込めません。

人生が有限である以上、やりたいことを「すべてやる」ことは不可能です。

こうした脳の癖に引きずられないようにするためには、まず「すべてはできない」と自覚することからスタートする必要があります。

結局、私たち全員はすべてのことはできずに死んでいきます。

これはある意味当たり前ですが、他の脳の癖と同様に知っているだけでは不十分で、実践することが重要になってきます。

脳の「決定疲れ」を回避する

「すべてをやる」という脳の癖は、科学的にあなたの生産性や判断能力を下げることが証明されています。

元アメリカ大統領のバラク・オバマは、ほぼ毎日同じ色のスーツしか着なかったと言われています。また、スティーブ・ジョブズも常に黒のタートルネックにジーンズというスタイルでした。

彼らに限らず、多くの成功者の中でも、着るものなどをあらかじめ決めている人は珍しくありません。彼らにとっては、他に決断をしなくてはならない重要な事項があるので、できるだけ決断の数を減らす必要があると考えているのです。

人は決定する事柄が多くなると、判断をつかさどる脳が疲労して、決定の質が低下することが科学的に明らかになっています。これを、心理学では「決定疲れ」と呼んでいます。

決定疲れの要因は二つあります。一つが、意思決定を長時間繰り返したあとには、個人の決定の質が低下するという現象です。これは、どんな服を着るのか、何を食べるのかなど日常生活のどんな小さな決断でさえも同様で、数が増えれば増えるほど決定の質が低下すると言われています。

もう一つが、意思決定の回数が増えれば増えるほど、意思決定能力が下がるという現象です。私たちは普段の生活の中でも約2万回の判断を行っていると言われています。膨大な情報が飛びかう現代ではなおさら、さまざまな情報に対して、意識的、無意識的にかかわらず多くの判断をしています。判断の数が増えれば増えるほど、脳は決定疲れを起こし、良質な判断ができなくなっていきます。

ですので、まずはそれらの情報や選択肢を最小限に削って、あなたが行う判断の回数を減らすようにしていきます。それが、「やらないことを決める」ということです。

やらないことを決めると、新しい情報が入ってきても、「やるか」「やらないか」の判断をする必要はなくなります。

頭ではすべてをやることが不可能だと知っているのに、やらないことを明確にできないのは「もしかしたら、いつかすべてをやれるかも」という願望によるものです。

ですが、それは、果たされることのない願いです。まずはこの希望を打ち砕くところから始めていきます。

私はかつて飲食業の事業を経営していました。安心安全な食材を使って安価な料理をお客様に提供するというシンプルな思いから始まりました。

最初は小さな飲食店からスタートし、やがて事業は軌道に乗り始め、効率化を図るためにすべての業務を電子化することにしました。

その後SNSを本格的にやることも決め、特別メニューを毎月開発し、デリバリーも始め、フランチャイズ化も同時に始め、店舗も増やして、本格的な従業員の教育制度を開始し、最終的には食材の自宅配送までやることにしました。

その結果、どうなったと思いますか。

私は1億円以上の損失を抱え、事業は失敗に終わりました。

私自身がすべてをやろうとして忙殺されていた以上に、従業員に対してもすべてこなすようにと要求していたのです。結果、この事業は失敗し、大きな悔いが残ることになりました。

米国の起業家、投資家であり、Paypalの創業者のピーター・ティールは、部下に一つのことだけに徹底的に集中するよう要求したそうです。私はこのことを知っていたにもかかわらず、「すべてをやろう」という脳の癖の餌食になっていたのです。

この脳の癖の餌食にならないためには、やらないことをまず先に決めることが必要です。繰り返しますが、この癖を知っているだけでは不十分です。とても真面目なあなたも、幼い頃には親からすべてやるまで遊べないと言われ、学生時代は課題をすべて提出するように言われ、社会人になったら上司や同僚に頼まれた仕事や付き合いを断れず、すべて引き受けてしまっているかもしれません。

すべてをやるという癖は何十年もの時間をかけて、私たちに染みついてしまっています。だからこそ実践を通して、少しずつ効果を感じながら変化させていく必要があります。

そこで、私自身も取り入れた簡単な実践方法をご紹介しましょう。

「やらない」ことを決めるための実践

ステップ0　「もしかしたら、いつかすべてをやれるかも」という希望を打ち砕くための準備段階として必要なことは、あなたの「やること」「やりたいこと」「やるべきこと」「やったほうがいいこと」、その他すべてのことを可視化することです。これらのことが漠然と存在している以上、先には進めません。

ステップ1　まず初めに、白紙にあなたが仕事やキャリアで成し遂げたい、やること、やりたいこと、やるべきこと、やったほうがいいこと、いつかやりたいことを合計25個リストに書き出してください。
例えば私の場合は、①投資のオンラインスクールを作る（やること）、②家族で世界を旅しながら各国に投資をする（やること）、③マイクロファイナンス事業を発足する（やりたいこと）、④小学校の先生になる（やりたいこと）、④中国語を習得する（やったほうがいいこと）、⑤体重70kg以下、体脂肪20%以下になって割れた腹を手に入れる（いつかやりたいこと）といった感じでした。
もし、仕事やキャリアだけに限定してしまうと25個も出せないという人は、それ以外に人生で達成したいことでもいいでしょう。私は、7～8個を書き出した段階で手が進まなくなったので、「割れた腹を手に入れる」など、仕事やキャリアと関係ないと思われることも書き出しました。

ステップ2　書き出した25個のゴールの中でも、特に、絶対に成し遂げたい五つのことに○（マル）をつけます。

ステップ3　○（マル）をつけなかった五つ以外の20個のことには、二重線を引きましょう。

この二重線を引いた20個のことが、まさにあなたが絶対「やらない」ことになります。

実は、このワークは世界的な金融投資家であるウォーレン・バフェットが、飛行士として10年間勤めていたマイク・フリントという従業員に対して行ったワークだと言われています。

ワークを行ったマイクは、25個中20個に二重線を引くことにとても抵抗を感じたそうです。いつか、それらのことも成し遂げたいと願っていたからでしょう。

しかし、ウォーレンは、「絶対に成し遂げたい五つのことだけに時間を集中して、他の20個には、1秒も時間を投資するな」とアドバイスをしたそうです。

ポイントは、あなたの理想のライフスタイルを実現するためには、実現したい事柄を五つ程度に絞り、そのほかのものはすべて絶対やらないと決めていくことなのです。

実は私たちの生産性を低くするのは、このリストに混在する「やりたい」や「やったほうがいい」ことなのです。これらはあなたの集中力を喪失させ、怠慢の原因になり、罪悪感の源でもあります。

やること以外の20個を切り捨てることに大きな抵抗を感じるかもしれません。

しかし、「多芸は無芸」という言葉があるように、物事を中途半端に終わらせないためにも、あなたの限られた時間を集中投資することが必要なのです。

しかし、「やらなくていいことがわからない」という人もいることでしょう。そこで、次の三つのポイントを意識してやらないことを明確にしていきます。

やらないこと① メガトレンドに逆らう

まず、現在のメガトレンドに逆らっているものには投資をしてはいけません。

メガトレンドとは、多くの場合、実証データの裏付けがあり、かつ世界の在り方を形作るほど強力な動きのことです。言い換えれば、これから長期間にわたって社会が必要とするというものであり、ほぼ確実な未来予測だと言えます。

メガトレンドに逆らうということは、人通りが全くないシャッター街でお店を開店するのと同じように、不要に逆境に立ち向かうようなものです。実証データに裏付けされた社会の問題が明確になっているのであれば、そのデータに沿ってやることと、やらないことを分類していけばいいのです。

現在のメガトレンドは次のようなものです。

テクノロジーの急激な発展によるスキルミスマッチ

テクノロジーの急激な発展で、多くの職が自動化されて消えていきます。反対に少子高齢化に伴い、深刻な労働力不足で価値が上昇する職も出てきます。つまり、求められる能力と持っているスキルのミスマッチが急激に拡大していきます。このミスマッチを労働需給のギャップと言います。

三菱総合研究所（「内外経済の中長期展望」2018年7月9日公表）では、新技術の進展が与える影響を考慮しつつ、労働需給ギャップを時系列で試算しています。

ここでは、10年後には事務・生産・輸送・建設・販売・サービスの職が過剰になる一方で、専門職が大幅に不足することが指摘されています（図表7－1）。専門職とは決められたことをただこなすのではなく、いわば創造的な仕事をする人たちのことを言います。

このメガトレンドが教えてくれているほぼ確実な未来予測とは、10年後には創造的な仕事をする人の価値が増えるということです。

7-1　人材余剰になっても専門技術人材は不足する

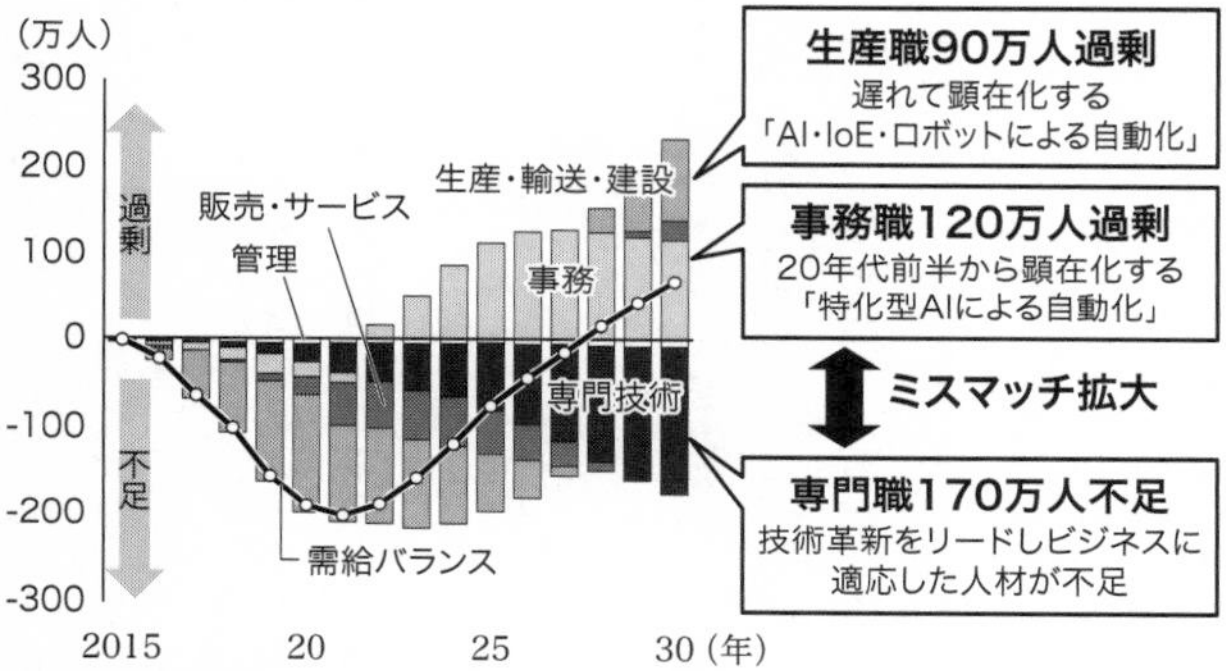

出典：三菱総合研究所「内外経済の中長期展望」

では、果たして日本では創造的な仕事をしている人はどれくらいいるのでしょうか？

同研究所の「日本の人材ポートフォリオ（2015年の職業別就業者数）」の図によると、日本では定型的なタスクを行う人が78％いるとしています。因みに米国では67％、英国では54％と日本のほうが高い傾向が見られます。

一方で、創造的なタスクができる人材は、人口の2割程度になっています。

つまり、創造的なタスクができる人材の需要が見込まれる一方で、供給が足りないということがおわかりかと思います（創造的なタスクができる人材になるためのヒントは、次章で説明します）。

国際社会の重要性増大

プライスウォーターハウスクーパース（ＰｗＣ）が、２０５０年までの世界経済の見通しを分析したレポート「The World in 2050」によると、中国、インド、ブラジル、ロシア、インドネシア、メキシコ、トルコのＥ７と呼ばれる国々のＧＤＰは、２０１４年時点でＧ７（米国、日本、ドイツ、英国、フランス、イタリア、カナダ）の国々とほぼ同じです（購買量平価〈ＰＰＰ〉ベース）。

ところが、30年後の２０５０年には、Ｅ７はＧ７を超え2倍前後に急拡大していくと分析しています。

また日本のＧＤＰは、２０５０年にはメキシコ、ブラジル、インドネシア、とインドに抜かれて7位になると予想されています。

これから30年後など遠い先の話だと思うかもしれませんが、重要なのは新興・途上国の勢いです。10年後にはインドネシア、ブラジル、メキシコが急伸し、ナイジェリア、トルコ、エジプトも追随してきます。これもほぼ確実な未来予測です。

この先、ますますグローバル化する社会の中で、創造的な仕事ができる思考力と言語能力を身につけることが重要になってきます。

やること・やらないことを決める場合には、そのスキルが日本国内でしか活かされないことなのか？　比較的馴染みのある西洋の国々だけで通用するのか？　それとも、国際的に活用できることなのかを検討する必要があります。

個人のパワー増大

仏経済学者トマ・ピケティは、世界的ベストセラーになった著書『21世紀の資本』で、「世界中で所得と富の不平等化が進むのは、金融商品等から得られる収益のほうが労働から得られる収益より多いからだ」と記しています。

世界で最もお金持ちである8人の資産額が、世界人口の下位50％（36億人）の合計額とほぼ同じことや、日本の場合、中間層を中心に所得が増えていないことをご存じの人も多いと思います。

この所得と富の不平等化というメガトレンドは40年ほど続いています。利益を過度に追求する企業が増えた結果、さまざまな環境問題や社会問題に繋がっています。

昨今では米国GAFA企業などに集中する富や、個人情報を制限する規制の動きが加速し、富裕層中心に税金を増やすべきだという声が増え、他の世代と違う価値観を持った

「若者」との世代間摩擦が増幅しています。この他に移民問題、ナショナリズム、世代間格差等といった問題もコロナショックによって急速に表面化しています。

私はこれが、40年間続いてきた「富の集中」というメガトレンドから、「富の分散」に大きくシフトしてきている序章だと思っています。

米国国家情報会議（National Intelligence Council：NIC）は「グローバル・トレンド2030：未来の姿（Global Trends 2030：Alternative Worlds）」（2012年12月版）で、今後15〜20年間の世界を予測しています。

この報告書によると、これからも「個人のパワー増大」と「力の拡散」のメガトレンドが進行し続けるといいます。

これは、大企業から個人、先進国から新興・途上国、富裕層から中間層へと「富は分散していく」というほぼ確実な未来予測です。

このメガトレンドは、私たちにとって一番大きな影響を与える最大のチャンスです。

社会が必要としているスキルセットを持っていればそれが正当に評価され、そのスキルセットをあらゆる方法（SNSやクラウドソーシングなど）で国境を越えてアピールできるからです。

ここで挙げた三つのメガトレンドは、一生に一度の革命的な変化です。

今始まっている第4次産業革命では、情報の自動把握や自動操作が進み、情報システムを操作する仕事から、多くの人が解放されつつあります。

コンピューターやＡＩロボットが自律して動くようになると、現在ある多くの職がなくなります。同じ仕事ができるのであれば、より安いコストでできるＡＩにあなたの仕事が奪われることを意味します。

ポイントは、定型的な職業がコモディティー化していて、あなたの職の定型的な部分もまた価格競争にさらされているということです。

一方で、人と人とのコミュニケーションや最先端技術の開発、文化、芸術、宿泊、飲食におけるホスピタリティなど、人間にしかできない仕事が新たに生まれるという大きな変化が起きています。

この変化は、あなたが想像をしている以上の劇的な変化です。

さて、あなたがマルをつけた五つの事柄は、前述のメガトレンドの波に乗っているものでしょうか。それとも逆らっているものでしょうか。

それがトレンドの真逆のものであるならば、そこにあなたの時間を投資することは「やらない」ことに潔く分類し、時間を投資しないと決めることが賢明でしょう。

やらないこと②　自分の性格スキルに逆らう

メガトレンドという大枠を把握したら、次にあなたの性格スキルを把握していきます。

性格スキルとは、経済学や心理学では、「非認知能力」と呼ばれるもので、この能力を高めることが、生涯賃金をアップさせるカギになっています。

メガトレンドの中にあるからといって、あなたの性格スキルを度外視して、闇雲に投資をしても大きなアウトプットを得ることはできないからです。

科学的に自分の性格を可視化できる性格スキル分析として、世界で最も信頼でき、科学的根拠がある性格スキル分析が「ビッグファイブ理論」です。ビッグファイブ理論は、人の性格スキルは五つの因子によって表すことができるという理論で、現在のさまざまな性格テストや適性テストのもとになっている優れた理論であり、言語や文化などの差を超えて、信頼性の高いテストとして、全世界の多様な分野で使われています。

ビッグファイブ理論に基づく性格分析では、

①協調性（Agreeableness）
②誠実性（Conscientiousness）
③外向性（Extraversion）
④神経症的傾向（Neuroticism）
⑤経験への開放性（Openness to Experience）

という要素の強弱を他人と比較して把握していきます。
私の場合は、次のような結果になりました。

〈サミの性格スキルの結果〉
100人中71人より協調性が高い
100人中75人より誠実性が高い
100人中92人より外向性が高い
100人中88人より神経症的傾向が高い

100人中71人より経験への開放性が高い

私の場合は、五つの因子の中でも特に「外向性」が92％で極めて高いという結果が出ました。

これは単純に考えると、100人の人がいたら、92人の人より外向性が高いことを意味します。

外向性の特徴としては、「活動性」「刺激希求性」などがあり、興味関心が自分の外に向かう傾向があります。

この因子が強いということを知らずにヘッジファンドでトレーダーとして働いていた頃の私は、極度のストレスを毎日感じていました。活動性や刺激希求性の強い私にとって、1日のほとんどの時間、6台のパソコンに張り付いて、常に感情を押し殺して行う仕事は明らかに向かなかったのです。

外向性が強い人間には、その人に向く仕事があります。この性格スキル診断によって自分の特性を知ったあとは、自分の持ち味を生かした行動がしやすくなりました。

講演活動やYouTube上で動画配信などを行ったり、海外の技術を日本の企業に誘致したりする仕事に出合えるようになり、収入も増えました。

ただし、外向的であることは、刺激を強く求める傾向もあり、特に投資の場合において
は、急いで買い足しをするなどの行動に出がちです。そのため、計画しているより早く投資資金が尽きてしまうことが多くありました。

ですので、性格スキル診断で外向性の因子が強いからといって、いい・悪いとか、強みや弱みになるという単純なものではありません。

ポイントは、自分がどんな性格スキルの因子を持っているかを科学的に把握することなのです。


自分に足りないものは、他の人とチームを組めばよい

自分の性格スキルを把握できたら、その性格スキルに合わないことは「やらない」と決めることが大切です。多くの人がやりがちなことは、自分の弱い部分を改善するための自己啓発に時間を使ってしまうということです。

しかし、自分が苦手とすることを訓練してできるようにするというのは、効率が悪い投資方法です。

あなたが苦手とする部分は、無理をして行う必要はありません。自分が不得意とするものに時間を注ぐことほど、生涯賃金をアップさせるという上で非効率なことはないのです。

私の尊敬する起業家にこのようなアドバイスを受けたことがあります。

HOW（どうやって？）ではなく、WHO（誰？）に注目しろ、と。

つまり、自分でどうやってやるかを1から学ぶことに時間を注ぐより、その分野ですでに自分よりよい仕事をできる人を探しだすことに時間を注げ、という意味です。性格スキルが反対の人とチームになって物事をこなしていくほうが圧倒的に効率的なのです。

まずは、自分の性格スキルを把握して、その特徴が生かせるものだけに時間を投入していきましょう。

すると、最小の時間で最大のアウトプットを引き出すことができるようになります。

大事なことは、自分の中にないものは何かを分析し、あなたはアウトプットが最大になることのみに時間を費やすようにしていくことです。そして、自分に合わないことはそれが得意な人を探してチームを作ることです。

そうすることによって、同じ時間を投資しても、莫大なアウトプットを効率的に生み出することができるようになるでしょう。

「生涯賃金」をアップさせる性格因子とは？

ビッグファイブ理論に基づく性格分析では、仕事の成功や給料とその人の性格にはどんな関連があるのかを分析することができます。どんな性格の因子を持った人が職場で成功できるのかなどのさまざまな指標が示されています。信頼性の高いテストなので、この結果を活用することによって、効率よく自己投資することが可能になります。

ビッグファイブ理論に基づく性格分析では、協調性・誠実性・外向性・神経症的傾向・経験への開放性の五つの因子の中で、比較的収入と強い相関関係があるのが「誠実性」です。

これは世界中どの国の人でも同じで、誠実性が最も報酬と相関関係があると言われています。例えば、誠実性が平均より1標準偏差高い場合、単身は生涯収入1000万円ほど、共働きだと1800万円ほど高いというデータがあります。

そして誠実性の中には、「勤勉性」という性質も含まれます。

日本人は世界的に見て、総じて「誠実」で「勤勉」ですので、高い報酬を得るという点においては、多くの人が優れた因子を持っています。

また「神経症的傾向」の因子と主観的幸福度（自分がどれだけ幸せかを主観的に測る指標）は、比較的強い負の関係にあることがわかっています。この因子が強いと、不安、抑うつ、自意識、傷つきやすいなどの状態になりやすい傾向があるとされています。この因子が強い人は、性格とマッチした仕事に就いた場合、収入を増やせる傾向があります。例えばリスク管理のような仕事に向いている可能性があります。

別の性格因子である「協調性」は特に男性の収入と負の関係性があるとされます。協調性が高いと、チームの和を大切にして、協調的な行動を取ることをよしとする傾向があることが一因のようです。反対に、出世欲や自己顕示欲の強い人は、協調性の因子が低くなる傾向があります。

さらに協調性の因子は「共感性」と「紳士さ」という二つの要素に分けられます。私の分析結果では、前者が81％で、後者が52％でした。

社会生活を送るには協調性や共感性が高かったり、紳士的であることがよしとされがちですが、収入を増やすという観点からは、マイナスの要因になっているという研究結果があります。

やらないこと③ダメな人と仕事をする

やらないことの三つめは、ダメな人と仕事をするということです。

教養投資の観点から考えるダメな人とは、「知性」「エネルギー」「誠実さ」のない人を意味します。

知性がないとは、自分にない高い知識や経験やスキルを持っていない人のことを指します。これが、ビッグファイブ分析からヒントを得て、自分の性格スキルと相乗効果がある人を選ぶということです。

しかし、知性があるだけでは足りません。知性があるけれど、エネルギーがない人はただの傲慢な怠け者です。知性とエネルギーがあって初めて物事が前に進みます。

さらに、知性とエネルギーがあるだけでは不十分です。知性とエネルギーはあるけれど、誠実ではない人は、「詐欺師」です。これは、一緒に仕事をする仲間として、一番避けなければいけないタイプの人です。

誠実さがあるかないかは、言葉ではなく「行動」から見極めます。

私は、いくら言葉では誠実さを醸し出す人であったとしても、誰も見ていないときにどのような行動を取るかというほうが重要だと思っています。

例えば、私は以前一緒に仕事をしていた人とタクシーに同乗することになったのですが、そのとき、彼は運転手さんに対して過剰に失礼な言動で接したのです。その光景を目の当たりにし、後日そのプロジェクトを打ち切りました。その人はきっと自分の部下や他人に対しても同じ態度を取るであろうと感じ、一緒に仕事をしたくないと判断したのです。

三つの中の一つでも欠けていたとしたら、その人とは、「仕事をしない」と決めることが賢明です。このような人と仕事をすると一進二退を繰り返して、費やした時間の多くを無駄にしてしまうからです。

確認する際には、その人があなたの性格スキルと相乗効果があるのかを考えてください。また、物事を最後まで成し遂げるエネルギーがあるかを見極めましょう。

その人と一緒に仕事をすればするほど、少ない時間で質も量も最大に向上できるような仕事相手を意識的に選ぶことが大切です。

雇用されている環境では、自分のチームや一緒に働く人を選べないということをよく耳にします。しかし、一緒に仕事をしたい人を特定してその人のチームに配属されるようにする行動はいくらでも取れます。

ここまで話をしてきた通り、やらないことを決めるだけで教養投資の勝率はすぐに50%以上にすることは可能です。

なぜなら、ほとんどの人がやることばかりに集中して、多くの時間をリターンが少ないであろう投資先に無駄使いをしてしまっているからです。

ですので、やらないことを意識的に決めることさえできれば、それだけで大きな差がつくことは容易に想像できるでしょう。

次章では、「やること」を決めるときの三つのポイントについて話をしていきます。

第8章
「教養投資（λ）」を加速させるためのヒント

前章では「やらない」ことを決めました。やらないことを決めると、使える時間が増えます。その時間を使って投資をしていきます。

ここでは、「やること」を中心に話をしていきます。

やること① スキルスタッキングで逸材になる〈勝率70％以上へ〉

前章で紹介したメガトレンド、つまりほぼ確実な未来予測は、①テクノロジーの急激な発展によるスキルミスマッチ、②国際社会の重要性増大、③個人のパワー増大でした。

第4次産業革命が始まっている現在、投資のコモディティー化と同様に、職業のコモディティー化も始まっています。つまり、雇用主からしたら同じ仕事をできるなら安くできる人のほうがいいということです。

例えばある銀行では、20万円の機械を買って、月収20万円の事務員と入れ替えたそうです。毎月20万円の給料を払うより、機械を導入した方が安いのでその事務員は価格競争にさらされて負けたわけです。

日本では、2030年までに現在ある職の2割がＡＩによって失われると推計されています。さらに、ＡＩ技術の進歩によって職が失われるだけでなく、国内や海外にいる人材との価格競争も起こっています。

もしあなたの仕事が定型的な仕事であり、技術や他人によってより安く代えられるとしたら、最大のピンチです。たとえ独創的な仕事をしていたとしても、その産業の需要が激減して衰退していたり、テクノロジーによってビジネスモデルが破壊される可能性があるのなら危険です。

しかし、この最大のピンチをチャンスに変える方法があります。

それは非常に優れたスキルを持った逸材になることであり、「スキルスタッキング」を意識することです。

「スキル」とは、例えば、会計知識や外国語能力や営業能力など、社会の問題を解決するために必要な能力です。「スタッキング」とは、メガトレンドに沿っていて、かつあなたが得意なスキルを三〜四つ探して磨いていき、積み上げていくというものです。

あなたの知識・能力の中で１００人の中でナンバー１になることは難しくても、10位以内に入れるものはあるでしょうか？　トップ10％かどうかを判断する目安としては、アトランダムに抽出した１００人の人がいたとしたら、あなたがトップ10番以内に入れるかどうかを考えればよいでしょう。

「トップ10％に入るほど得意と言えるスキルなんてない」という方もいるでしょう。

でも心配はいりません。

やらないことを明確にしてできた時間を使って、これからスキルを磨いていけばいいからです。そこに集中して時間を投資していきます。

ただし、ポイントはメガトレンドに乗っているかということと、あなたの性格スキルに合っているかどうかということです。

いくらスキルを磨いても、社会が求めていなかったり、そもそもあなたに向いていなかったりすれば、お金を生み出すことができず生涯賃金のアップには繋がらないからです。

私はこうしてスキルスタックをしてきた

スキルスタッキングをよりイメージしてもらうために、これまで私がどのような戦略と行動を取ってきたか、紹介しましょう。

２０１４年頃、35歳の私は証券会社に勤務していて、「自由」という理想のライフスタイルに向けて最終調整をしていました。退職をしたあとの生活費は金融商品のポートフォリオで最低5年間は賄うことができ、60歳以降の生活は、不動産のポートフォリオによって確保していました。

残るは40~60歳の20年間で最大限生涯賃金を上げるための教養投資の戦略を練ることでした。

私が取ったステップは①メガトレンドの把握、②性格スキルの把握、③スキルの棚卸し、でした。

リーマンショック後の金融業界は大きな岐路に立たされていて、これから「富の集中」から「富の分散」が起こると未来予測していた私は、「金融情報の民主化」というテーマに着目をしました。今までは、お金のある限られた人にだけ有力な情報が行き渡っていたのが、今後は多様な人に情報が届くことで金融の情報格差が縮むと思ったのです。

性格診断テストを受けることによって、私の性格スキルは、協調性、誠実性と外向性が、他の人より比較的高いことがわかりました。チームやコミュニティーを形成して積極的に発信をすることに時間を費やすことに決めました。

次にスキルの棚卸しです。私は英語と日本語がわかるというスキルがあります。そして20年ほど金融業界に携わっていた経験から、ファイナンシャル・リテラシーというスキルもありました。

この二つの分野ならランダムに選んだ人たち100人の中のトップ10には入るだろうと思っていました。しかし、私は翻訳家でも経済学者でもないので、それぞれの分野でトップ1(ナンバーワン)ではないことも明確でした。

ここから、どのスキルスタックを作っていくかを考えていきました。

専門知識もそこそこあり、外向性が高かった私が最初に思い付いたことは、人前で自由にパワフルにプレゼンができるスキルを身につけることでした。

それまでは少人数の前では比較的自由にプレゼンできたものの、人数が増えると心臓の鼓動が極端に速くなり、口の中が渇いて、吐き気がするほど緊張をしていました。そこで、プレゼンのスキルを磨こうと考えたのです。

最初に受けたのがウォーレン・バフェットも絶賛するデール・カーネギーのハイ・インパクト・プレゼンテーション・コースというものでした。その後、3年をかけてコミュニケーション能力を磨くためにNLP(神経言語プログラミング)のトレーナー資格を取り、自分や他人の行動を促すスキルであるヒプノシス(催眠言語)を学び、実践しました。その後、性格スキルや自己探求をより掘り下げるために、MBTIトレーニング(マイヤーズ・ブリッグス指標)を修了しました。

これらの知識のインプットをいち早く実践し、アウトプットして磨くために、仕事終わりや週末を使って2年間無料で営業プレゼンテーションの受託をしていきました。

このように、自分の特性を知った上で自己投資を続けていくと、複数のスキルが積み上がっていきます。

すると、あらゆる場所でプレゼンをしていたこともあり、国内外企業から有料セミナーの講師、記事投稿や書籍執筆の依頼が入るようになりました。

そして数年前、米国の企業である「ヘデラ・ハッシュグラフ」から声がかかり、アジア統括部長に抜擢されることになったのです。社名にもなっているヘデラ・ハッシュグラフとは、インターネットで知らない人と取引をする際に銀行や企業が仲介に入らなくても安心して取引ができるようにする技術です。一般的に使われている第1世代の「ブロックチェーン」ではなく、最新技術を応用した第4世代の技術です。現在のインターネットには欠けている「信頼の層」を提供するビジョンを持っています。

まさに「富の分散」「個人のパワー増大」「力の拡散」というメガトレンドに則った技術でもあります。

この技術をアジアの企業に紹介できる人材は、日本では10名もいないでしょう。そのため必然的に価格競争にさらされず、誰かに取って代わられるリスクも少なくなります。このような大きなチャンスが私に訪れたのも、メガトレンドを把握し、自己分析した上で、スキルを意識的に積み上げてきた結果だと思います。

ポイントは、それぞれのスキルを複数組み合わせることです。

それぞれのスキルを単体で他者と比較すれば、自分以上に能力や経験のある人は間違いなくいるでしょう。しかし、スキルを複数掛け合わせることができれば、希少な存在として自らの価値が上がり、逸材になれるというわけです。

あなたらしさが最大の武器になる時代

なぜ今、複数のスキルを掛け合わせた人間の価値が上がる時代だと言えるのでしょうか。

第4次産業革命は、第1~3次革命と大きく違う点があります。

これまでの社会は、他者と競争をして、勝った者が多くのリターンを得られる時代でした。しかし現在は、単に他者と競争することは意味がなくなってきています。

シリコンバレーの有名な起業家・ピーター・ティールは、「競争は負け犬がすることだ」と言っています。

要は、他の人と同じことをすると確実に負けるということです。

むしろ、他の人と異なる視点や分析方法、他の人が持っていないような情報ポイントを持っているかどうかということに価値があるとされる時代なのです。

「自分らしさ」を持たない人は、ＡＩのような技術やより安い人材に代替されることになります。反対に、自分らしくあればあるほど、その人の価値は上がります。自分らしさこそが、競合を自然と淘汰していくことができる力を持っているのです。

そのために必要なのが、スキルスタッキングなのです。

スキルスタッキングが、誰にも真似できない「あなたらしさ」を生み出します。

実は、ほんの十数年前までは、「自分らしさ」を持っていたとしても、それを生かすチャンスがありませんでした。ところが、「個人のパワー増大」のメガトレンドで書いたように、投資環境のコモディティー化と同じように、テクノロジーの進歩によって、現在では、自分らしさを必要とする人に容易にアクセスすることができるようになったのです。

自分らしく逸材になるためのスキルスタック

繰り返しになりますが、「１００人中トップ10に入るスキルなど、何もない」と思われるかもしれません。しかし、その場合でも大丈夫。

今からでもスキルは十分磨くことができます。どんな分野のものであっても、集中して時間を投じれば、トップ10％に入ることはそれほど時間がかからないはずです。

例えば、エンジニアであれば、技術の知識やスキルは持っています。そこに、営業スキルを掛け合わせることで、セールスエンジニアになることができます。さらに、会計のスキルも身につければ、技術のことをわかりやすく説明し、どのくらいのコスト削減ができるのかを提案することができるようになります。

エンジニアとしてさらに高い技術を高めるということは他の人もやっていることですが、技術×営業×会計というスキルの組み合わせを作ることで、他の人が真似のできないあなたらしさを作り出すことができます。

スキルスタッキングは、エンジニアのような特別なスキルを持つ人だけに有効なものではありません。どんな人でも自分の得意なことや好きなことを生かして、逸材になれるチャンスは十分にあります。

例えば、あなたはお花を生けることが好きで、得意なスキルだとしましょう。ところが、単にお花を生けるだけだと、なかなかお金にすることは難しいでしょう。

しかし、もしあなたに会計や財務のスキルがあれば、生け花に関するビジネスを始めることができるかもしれません。

あるいは、人前で話すスキルがあれば、動画で生け花に関する話を撮影して、YouTubeなどで配信し、多くの人にそのメッセージを拡散することもできます。

さらに心理学などの知識があれば、消費者心理を読み取った動画を作成することで視聴者を増やし、視聴した人の中から、生け花の有料レッスンへの申し込み等へと誘導することもできるでしょう。さらに、英語版の動画を作ることができれば、日本だけでなく、海外の人の視聴も獲得することができます。

日本でお花を生けることができる人は多数存在しますが、人前で話をしたり、動画で配信したり、あるいは、英語で解説できるといった複数のことができる人となるとほとんどいません。ですので、複数のスキルを掛け合わせることで、あなたは一気に100万人に1人の逸材になることが可能なのです。

100万人の1人になるために必須のスキル

スキルを磨くことは闇雲に行っても効果はありません。メガトレンドを考慮し、各スキルの相乗効果が出るものに時間を集中して投資してスキルアップしていく必要があります。「どうしたらいいのかわからない」という方のために、ここではメガトレンドに合っていて、あらゆる職業に役立つ普遍的なスキルをご紹介しましょう。

第二言語のスキル

価値を生み出すためには、他者の問題を解決する必要があり、問題を把握するためには、その人たちとコミュニケーションを取る必要があります。

コミュニケーションは主に言語を使って行われるので、言語能力が高ければ、より多くの人の問題を解決でき、反対に言語能力が低いと少ない人の問題しか解決できません。

つまり、問題解決能力はあなたの言語能力と比例しているといっても過言ではありません。

日本語でしかコミュニケーションが取れないのであれば、日本人の問題は解決できるかもしれませんが、それ以外の人たちの問題を把握することは難しくなるでしょう。

世界には7000以上の言語が存在すると言われていますが、そのうち4割の3000は淘汰されています。

世界で使われている言語のうち、圧倒的に話されている言語は英語であり、その話者数は11億人ほどです。英語を第二言語とする人は、その中の70%程度であり、英語は世界の人々に話されている世界言語です。次に多いのは中国語で同じく11億人ですが、第二言語として中国語を話せる人は18%しかいません。これは、中国語を第二言語として話せることが価値あることを意味します。

日本語を話している人の数は、日本の人口とほぼ同じ約1億3000万人です。ポイントは、日本語を第二言語として話せる人は世界中で皆無だということです。

日本人以外日本語が喋れないということは、日本人が第二言語を習得すれば、価格競争にさらされない希少な存在になれることを意味します。

日本語と英語のバイリンガルになれば、日本にいる1億3000万人と、英語を話せる11億の人を繋げられるということです。その上、中国語も加われば世界人口の4分の1の人の問題を把握できることを意味します。

そして、言語にはもう一つ特徴があります。それは、使う人が多くなればなるほど、その言語を習得しようとする人の数は多くなり、少なくなればその数はさらに少なくなるということです。

例えば、英語を話す人が増えれば、英語の価値も増え、もっと英語を学びたい人が増えます。これは基軸通貨と似た概念です。米国のドルを使う人が増えれば、USドルの価値は増え、もっとドルを使いたい人が増えるといった具合です。

ちなみに私の未来予測は、中期的には英語と中国語の言語価値が増え、長期的には英語だけに集約されていくというものです。これはインターネットやコンピューターの言語が英語であり、ほとんどの国で英語が第二言語として定着しているからです。

これらの理由から、私は自分の子供たちには英語と中国語を学ばせています。

ネイティブレベルの高い英語力を身につけるべきだということではなく、英語でコミュニケーションを取れるようになればいいのです。日常英会話に必要な単語数は約1000語程度と言われています。高校卒業時には約3000語を学習していると言われているので「知らない」ことが問題ではありません。言語は「使わなければ、使えない」のです。

ほとんどの日本人は英語の素地があります。ですので、英語を使えるようになるためのハードルはそれほど高くありません。しかも、日本語と英語を使えるようになれば、世界的な視点から見ると、一気に希少な存在にレベルアップすることができるのですから、大きなチャンスだと思います。

まずは、英語を頻繁に使わなければいけない環境に自分を置くというところから始めてはいかがでしょうか。

税務と会計のスキル

学校での成績を表すものは通信簿でした。しかし社会人の場合は財務諸表です。自営業、起業家や実業家にとっては、ピンとくると思います。銀行や投資家から求められるのは、通信簿ではなく財務諸表だからです。

確定申告や決算書に直接関わらない人でも、第3章で説明した無知税を払わないためには、税務と会計に関する最低限の知識が必要です。

なぜなら、あなた以上にあなたの資産を守りたい人は誰一人存在しないからです。

ここで気をつけたいのは、税理士や公認会計士の資格を取るように促しているわけではないということです。最低限の知識をもとに、有能な専門家とチームを組んで一緒に戦略を練っていくのがポイントです。

税務は無知税を抑えるための防御です。そして会計は価値を見極めるための武器です。

財務諸表には三つの表があります。

①損益計算書（P／Lとも言われます）
②貸借対照表（B／Sとも言われます）
③キャッシュフロー計算書（C／Fとも言われます）

ここではキャッシュフロー計算書や貸借対照表についてはあまり触れずに、基礎知識として最重要な①だけについて簡単に説明します。

損益計算書は会社の売上と利益をルールに則って示したものです。難しいことは何もなく、図表1枚で知るべきことすべてを表せます。

会社の売上からすべての費用を引いて残ったお金がその会社の利益となります。売上がないと利益もないですし、売上があっても費用が多すぎれば利益はありません。

売上を増やして費用を減らせば、利益は増えます。損益計算書は、費用や利益を五つの種類に分けることで、会社がなぜ儲かっているのか・損をしているのか、何をすればもっと儲けられるのか・損を少なくできるのかを把握しやすくするためのものです（図表8－1）。また売上から、取引先に支払う原価、社員に払う販売費、銀行に払う営業外費用、投資先に払う特別費用、最後に国に払う税金を引けば、株主が儲かったお金がわかります。

8-1 損益計算書（PL）

売上高 売上原価
①売上総利益
販売費及び一般管理費
②営業利益
営業外収益 営業外費用
③経常利益
特別利益 特別損失
④税引前当期純利益
法人税等
⑤当期純利益

ファイナンシャル・リテラシー

言語は人と人の間でコミュニケーションを図るために重要だということをお伝えしました。ファイナンシャル・リテラシーはいわば「お金の言語」のことで、つまりはこの本で書いている知識そのものです。この言語を使ってコミュニケーションができるようになれば、本当の価値を見極める力が付きます。

自動投資や楽しむ投資でお伝えしている内容は、あなたがさまざまな資産の価値を見極めて、その資産を価値以下の価格で買うためのものでした。しかし、ファイナンシャル・リテラシーも、言語と同様に「使わなければ、使えない」ものです。筋肉のように鍛えないと衰えていきます。

私が運営しているお金の教育をするコミュニティーは「ファイナンスジム」(http://members.finance-gym.jp/)と言います。ジムのように定期的に通って仲間と一緒にお金の言語を使うことで、どんどん「お金のネイティブ」になることを意図しているからです。

自分の思考パターン、強み、弱みと学び方を知る

自分の思考パターン、強みや弱みを知ることで、効果的に行動を変えることができます。私にとって、この「自己探求能力」ほど価値のあるスキルは他にありません。

自己探求能力を磨く方法はたくさんありますが、短期間で効率よく磨くためにお勧めするのはNLP(神経言語プログラミング)というものです。日本でもたくさんのスクールがありますが、私がトレーナー資格を取ったところはNLP-JAPANラーニングセンター(https://www.nlpjapan.co.jp)というところです。役立つブログも運営しているので、興味のある方はぜひご覧ください(参考URL:https://life-and-mind.com/category/nlp)。

また、前章で紹介したビッグファイブ理論も自己探求能力を磨くためのいい方法です。ＩＢＭが提供するＡＩ技術によって簡単に推測できますので、最良の自己探求の入り口になってくれるでしょう（参考ＵＲＬ：https://www.ibm.com/watson/jp-ja/developercloud/personality-insights.html）。

交渉スキル

交渉とは、自分だけが得するためのスキルではありません。自分が欲しいものと、相手の欲しいものが、最大限互いの手に入るようにすることです。交渉のゴールとは、両者が納得できる最高の落としどころはどこなのかを見つけることです。

交渉をするときに使える三つのテクニックをご紹介しましょう。

相手の気持ちを受け止める

まずは、交渉相手にはいろいろな心配事があり、意見があるということを理解することです。もちろん、あなたの中にもいろいろな感情が湧き起こっていて、さまざまな意見があるでしょう。

でも、まずは交渉相手の心配事はなんであるのかを受け取ってください。相手の重荷を受け止めてあげるだけで、相手の気持ちは軽くなっていきます。

そのことが相手の顔を見ているとわかってきますし、交渉の場に一丸となって頑張っていこうという空気が生まれます。

まずは相手の気持ちを受け止め、両者が利害関係者を超えた仲間であるという雰囲気を作り出すことが重要です。

ミラーリング・マッチング（NLP）

ミラーリング・マッチングとは、交渉の際に相手がする身振りや手振りや表情などをさりげなく真似するというものです。相手が、「売上が困っている」と言って、眉をひそめたとしたら、あなたも同じように、困ったような表情をするというような感じです。相手がうなずいたら、あなたも同じようにうなずきます。相手が自分と同じような動きをすることを見ると、瞬時に信頼関係を築くことができると言います。

バック・トラッキング（NLP）

バック・トラッキングとは、相手が言った言葉を、そのまま相手に返すというものです。飲食店のオーナーが「最近売上が厳しくてどうしていいのかわからない」と言ってきたら「最近売上が厳しくて、どうしていいのかわからないんですね」とただ、相手が言ったことをオウム返しのように繰り返します。この方法も心理学的に、相手との信頼関係が築ける有効な方法です。

前述の五つのスキルのうち、三〜四つのスキルを磨き、それをかけ合わせることで、あなたらしさを作ることができれば、教養投資の勝率を70％以上に引き上げることができるでしょう。

性格スキル別お勧めのスキル

さらに五つの性格因子の強さによって伸ばしておくといいスキルもご案内したいと思います。

①協調性（Agreeableness）が強い人にお勧めのスキル

協調性が高い人は、バランスを取り協調的な行動を取る傾向があるため、コーチングやカウンセリング、リーダーシップスキルを磨くことをお勧めします。

②誠実性（Conscientiousness）が強い人にお勧めのスキル

誠実性が高い人は、責任感があり、勤勉、真面目、自己規律というキーワードに当てはまり、生涯賃金との相関性が一番高い因子です。専門職（エンジニア、弁護士、科学者）や管理職、そして経営者の資質として活きる特性です。

③外向性（Extraversion）が強い人にお勧めのスキル

外向性が高い人は明るく、積極的で社交性に長けています。人前でインパクトのあるプレゼンテーションのスキルやＮＬＰを習得して営業スキルを磨くことをお勧めします。

④神経症的傾向（Neuroticism）が強い人にお勧めのスキル

神経症的傾向が高い人は落ち込みやすく、ストレスや不安を抱えやすいと言われていますが他の因子を持つ人と組み合わせるとパワーを発揮します。

例えば私は外向性と協調性が高いのでリスクを十分に検討せずに投資をする傾向があり

ます。適度に不安を抱える必要のあるリスク管理や監査などの仕事に就くと、私のようなタイプとの組み合わせでバランスが取れます。

⑤経験への開放性（Openness to Experience）

経験への開放性が高い人は、美的や文化的な新しい経験に開放的で好奇心旺盛です。実業家、アーティスト、ミュージシャンや芸術家に向いています。ヒプノシスなどを通して自己探求能力のスキルを磨くことをお勧めします。

やること②　レバレッジを味方につける〈勝率80％へ〉

ここでのレバレッジとは、教養投資のインプットである「時間」の投資を最小限に抑える方法です。

レバレッジ①　お金で時間を買う

自分の時間を使って働くのではなく、報酬を支払って他の人に働いてもらうことで、あなたは空いた時間を投資して、他のもっと多くのアウトプットを生み出すことができます。

すべて自分でやろうとせず、きちんとやらないことを決めて、その分は他の人にお金を支払ってやってもらうのです（ただ、人を雇用することは誰でもできるものではないですし、リスクもありますので、誰にでもお勧めはしません）。

お金をたくさん持っている人であれば、世の中にある既存の事業に投資をすれば時間投資を最小限に抑えられます。

このように、今あるお金で時間を買うという方法があります。

レバレッジ② チームを作る

1人で行うよりも、複数の人と共同で行うことで、投資のリターンを大きくすることができます。

ビッグファイブ理論で自分の強みと弱みを把握したら、弱い部分を補ってくれる人をチームにいれます。能力を補完してくれるチームを作ることで、プロジェクトを効率化できるだけでなく、再度同じような仕事を行うときには、やり取りや工程を簡略化できるなどのメリットもあります。

チームは固定ではなく、最大のアウトプットを生み出せるように適宜編成を行うようにします。メンバーを決めるときのポイントは、先ほど話したように、知性、エネルギー、誠実さの三つを持っているかどうかということです。

レバレッジ③ ネットワークの力を使う

ネットワークの力を活用するのは、レバレッジをかける際に最も大事なポイントであり、最もお勧めする方法です。製品やサービスの利用者が増えるほど、その製品やサービスの価値が高まることを意味します。これを「ネットワーク効果」と言います。

例えば郵便は、利用者が増えるほど使う価値があります。電話、Eメール、LINE、Facebook、Twitter、YouTubeなども同じように、使っている人が多ければ多いほど価値が増えるネットワークです。

ネットワークが大きくなると、ネットワークに参加している人たちが自主的にそのネットワークの価値を増やしてくれます。例えばTwitterの場合、ツイートをする人が増えるほど読みたくなり、読む人が多くなるほどツイートしたくなり、ツイートをする人が増えるとより読みたくなる人が増える、という典型的なネットワーク効果を享受しています。

そして、ひと昔前までは私たちはこのネットワーク効果のメリットを享受することはできませんでした。しかしテクノロジーの発達やインターネットサービスの拡充によって、今では世界的大企業と同じように、誰でもネットワーク効果の力を使うことができるようになりました。

ネットワーク効果は、人を雇用したり事業ごと買収したりするような資金力がなくても、最大限のレバレッジを誰にでも提供してくれる、破壊的な力を持っています。

メガトレンドの章で説明した「個人のパワー増大」と「力の拡散」はこのネットワーク効果を誰でも味方につけることができる時代になったからだと思っています。

具体的にどのようにネットワーク効果を活用すればいいか、一言で言うと、それは「コミュニティー作り」です。

ブログ、ポッドキャスト、メルマガ、YouTube、オンラインサロンなど方法は問いません。どれも参加者や閲覧者が増えれば増えるほど指数関数的に価値が増えていきます。

私は継続的に投資の教育ができる有料コミュニティーを運営しています。コミュニティーが小さいときには運営に費やす時間は多大でした。

しかし、100人、150人と参加者が増えるにつれ、参加者同士のコミュニケーションや意見が増え、参加者が自主的に運営側に回るなど、価値を提供するようになりました。私がすべてを決めて運営する従来のトップダウン方式とは全く違い、参加者同士が運営方針を決めやすいように、私は場を提供するというボトムアップ方式になっています。

やること③ 新しいレベルの「運」をつかむ〈勝率90%へ〉

教養投資での勝率を上げるためには、「運」についての理解も重要なポイントになります。私は、運には次の四つの種類があると考えています。

運① Luck「やった!ラッキー!!」

一つ目の運は、一般でよく使われている「運」です。特徴としては、あなたが能動的に起こすものではなく、勝手に起こるという類のものです。何かいいことが起こったらラッキーといった他力本願的な運です。

運②「数打ちゃ当たる!」

①の運に、「行動」が加わったものです。あれこれといろいろなものに手を出して、運がよければ当たるといったようなことです。

能動的ではありますが、何に時間を使うのかをきちんと見極めるという意識はほぼありません。闇雲に自己啓発セミナーに参加して、多くの無駄なお金を失うようなものです。

実は、多くの人が、①か②を運だと思って行動しがちです。しかし、投資は確率論なので、意識的にそして科学的に55％、60％と勝率を上げていくことをしなければ、運気を上げることはできません。

運③　機会と準備が出合う

機会と準備が出合うときに訪れる運とは、意識的に「しないこと」を決め、さらに、何に投資をするかを決めて行動するとやってくる運です。例えば、「これまでやっていた△△はやめる。○○という分野でトップ10％に入ることを目標にして、○○のスキルをアップする」といった感じで準備をすることです。

255ページで書いたように、私も「ヘデラ・ハッシュグラフ」に出合う前には、多くの準備をしていました。お金について学べるコミュニティーを作り、心理学やプレゼンの練習をしていました。具体的に何が未来で起こるのかを明確に予想することはできませんでしたが、私が準備していたものと、ヘデラ・ハッシュグラフの誕生が出合い、それが運として訪れたのです。

私だけではありません。世界のさまざまな成功者を検証してみると、すべての成功者は必ずと言っていいほど、「準備」をしています。そして、成功する人ほど、いつか「機会」が訪れる日が来ることを待って、長期的に準備をし続けています。

ちなみに、Ｆａｃｅｂｏｏｋのように、短期間で急成長している企業の株価を見て、「投資しておけばよかった」という人がいますが、実は、短期間に株価が何十倍にもなっているように見えるＦａｃｅｂｏｏｋも、また長い年月準備をしていたのです。

最初の構想からは17年経っていますし、もしＦａｃｅｂｏｏｋを、上場した２０１２年5月18日に購入していて、２０２０年5月まで所有していたら、年率で計算すると、リターンは23％。かの世界的な投資家であるウォーレン・バフェット氏は20％ですので、構想から20年もの間、地道に頑張って、ようやく、ウォーレン・バフェットと同じくらいの投資リターンになっているのです。

教養投資の場合も同じです。短期間では、大きな勝ちにはならなくても、長期間にわたって自己投資を続けていけば、必ず、運はやってきます。

運④ 天命を知る

準備と機会が出合い、大きな運を手にすることができた人の中には、「天命」というものを知った人たちがいます。

これは、この世に生まれてきた「意義」や「意味」を感じられるようなゾーンです。これは、求めて得られるというよりも、自分がやってきたことを振り返ったときに、ふとしたときにわかるような類の運です。

自分が好きで、得意で、社会が必要としているというすべての星がそろったとき、あなたが生まれてきた運命、つまりは、「自分はこのために生まれてきたんだな」と感じることができるようになります。

この天命を知ることができた人こそ、本当の意味で「理想のライフスタイルを手に入れることができた」と言えるのではないかと私は考えています。

さて、あなたは今、どのレベルの運の段階にいるでしょうか？

教養投資は失敗しても資産が残る優れた投資

教養投資は、万人にとってお勧めの投資方法です。なぜなら、教養投資にはマイナスとなる失敗がないからです。

例えば、私の場合は、ＹｏｕＴｕｂｅで一部の動画を公開していますが（サミー先生で検索）、幾度も動画を作ってアップしても視聴者が全く伸びなかったとします。視聴者を獲得できなかったことは動画配信の上では失敗を意味します。

しかし、たとえ失敗したとしても、残るものがあります。

それは、動画を作るスキルであり、失敗したことによって得られるフィードバックです。これは私にとって多くの財産になります。

たとえ今の段階では、視聴数が伸び悩んだとしても、長期間にわたり動画制作と配信を続けていれば、ヒットする動画が出た場合に、〝バズる〟可能性もあります。すると、今までほとんど見られていなかった動画が注目される可能性も出てきます。

これは、書籍の場合も同じです。処女作で一気にベストセラーを出すことは至難の業ですが、コツコツと執筆を続けていくことで、5冊目、10冊目で大きなヒット作を出すことができるかもしれません。そのとき初めて本を読んでくれた方が、過去の本にも興味を持って読んでくださる可能性は大いにあるでしょう。

このように、スキルスタックをしようと意識的に自分の時間を投資したものに関しては、無駄になるものは一切ないのです。

私は、ヘデラ・ハッシュグラフのアジア統括部長を当初の1年は、ほぼ無報酬で行っていました。もしこの技術が広まらなかったら、これまでの私の働きはただ働きになるでしょう。

でも、この仕事をすることで、ヘデラ・ハッシュグラフの根幹をなす「分散型台帳」の勉強をすることができ、それには大きな価値があると判断し仕事を引き受けました。

私は、この仕事を4年間は絶対にやると決めて着手しました。つまり、楽しむ投資と同様に、ここまで投資をするということをあらかじめ決めてからスタートしています。教養投資においても、「選択日記」をつけているような感じです。

挑戦するときは、未来において損切りをする日をあらかじめ決めておけばいいのです。

反対に、闇雲にスキルを習得しようとした場合は、時間を無駄にすることになります。

なんとなくお金や時間を費やすのをやめることが、投資全般においてとても重要なのです。

これで、すべての投資の話はおしまいです。

本書で話をしてきたことが、あなたの理想のライフスタイルの実現にどのように生かされるかは、すべてあなたの投資判断にかかっています。

おわりに――すべての人は投資家である

一人でも多くの人が、豊かな人生を送るため、欠かせない投資の教養を身につけてほしい。そんな願いで私はこの本をまとめました。

本書のまえがきで、「投資に関するあなたの考えを一新する」、「不安を吹き飛ばすほどの衝撃を与える」と書きました。本書を読み終えたあなたは、これまでの「投資＝ギャンブル、儲けるための手段」といった概念がひっくり返ったのではないでしょうか？

投資は、人生を豊かにする教養そのものです。

賢明な読者の皆さんであれば、もうお気づきのことと思いますが、生きる上でのすべての行動は投資行動そのものです。つまりは、すべての人が投資家だということです。日々投資を行っているという自覚と、本書で身につけた投資の教養を持ち合わせ、実行することで、確実にあなたの人生は豊かに実っていくことでしょう。

自分の行動のすべてが投資であるとすると、ある一つのことに投資した場合、その他多くのことに投資できる機会を損失していることを意味します。

あなたが今している仕事や人との交流、資産の持ち方、時間の使い方は、すべてあなたの判断と選択によってなされています。そして、その選択によって、投資のリターンがもたらされています。

あなたが時間とお金の投資先をあることに決めれば、その時間とお金を使ってできたであろう他のすべての選択肢を失っていることを意味します。これが投資における「機会損失」です。自分のお金と時間を投資した以外の選択肢を放棄したということです。

この「機会損失」の考え方を意識していなかったかつての私は、多くの大切なものを失いました。

自分のほとんどの時間を会社につぎ込んでいた20代の頃、高い給料を得てはいましたが、家族と過ごす時間もありませんでした。でも、一生懸命にお金を稼げば、いつか自由にやりたいことができる。いつか自分の思い描いている人生が手に入る。いつか満たせられるはずだとずっと信じながら、自分の多くの時間を目の前の仕事にがむしゃらに投資していたのです。

しかし、いくら頑張っても、私が思い描いているような充実感や満足感は訪れず、徐々に心も体も疲弊していきました。そして、追い打ちをかけるように、最愛の父が癌の宣告を受けることになりました。それでもなお頑張れば必ず報われると思い込んでいた私は、目の前の仕事をこなすことがやめられず、結局父と十分な余命を過ごすことができませんでした。

仕事を辞めなかったのは私の選択です。私は仕事と父との時間を天秤にかけて、仕事を選んだわけです。そしてその選択をしたことで失ったものは大きく、今でも大きな悔いが残っています。

この体験があった直後に、私は強く決心しました。もう二度と後悔をするような時間の使い方はしないと。

私の理想のライフスタイルの中で優先度の高いものが「自由であること」と話しましたが、自分が大切にする人と一緒に過ごせる時間を持てることは、その自由に含まれる大切な要素です。そんな自由がない人生は、私にとっては、幸せなものではないからです。

あなたのお金や時間を投資していることで、放棄をしている他の選択肢は何でしょうか?

失っているかもしれない「機会損失」を検討することで、現在の投資先の本当の価値が分かるでしょう。

「機会損失」に加えて、最後にお伝えしたいことが「生きがい」についてです。

現在、投資環境はコモディティー化しており、すべての人が自分のお金や時間を低いリスクで投資をして、高いリターンを得られる絶好のチャンスが訪れています。投資の原理原則を知り、行動を起こすことができれば、理想の人生を思い描くことは難しくありません。

理想の人生のあり方は人それぞれだと思います。ただ、理想の人生のゴールの先にあるものは、あなたの「生きがい」に出会うことではないかと私は考えています。

「生きがい」の定義は、生きていく喜びややりがいなどさまざまですが、「生きがい」を見つけられる人生ほど幸せなものはないと思います。

「生きがい」に出会うことができた人は、自分の心の奥底から湧き上がってくるような幸福感や使命感を感じることができるでしょう。

まさに、「自分はこのために生まれてきたんだな」というゆるぎない感情に包まれると思います。

私には4人の幼い子供がいるのですが、それぞれの子供たちが自分の「生きがい」を感じられる人生を歩んでもらいたいということが、親として望む最大の希望です。また、読者の皆さんを、あなた自身の「生きがい」へと導くことも私の使命であり、「生きがい」

であり、天命でもあります。

あなたにとっての「生きがい」とはどんなものでしょうか？

本書でお伝えした原理原則を踏まえて、賢く投資先を選択し続けていくことで、あなたはあなた自身の「生きがい」を自然と見つけていけると信じています。

本書がその一助になればと心から願います。

ミアン・サミ

参考文献

ナシーム・ニコラス・タレブ著、望月衛訳『まぐれ—投資家はなぜ、運を実力と勘違いするのか』ダイヤモンド社、2008年
ナシーム・ニコラス・タレブ著、望月衛・千葉敏生訳『身銭を切れ—「リスクを生きる」人だけが知っている人生の本質』ダイヤモンド社、2019年
ハワード・マークス著、貫井佳子訳『投資で一番大切な20の教え—賢い投資家になるための隠れた常識』日本経済新聞出版社、2012年
Elroy Dimson, Paul Marsh, Mike Staunton. *Triumph of the Optimists:101 Years of Global Investment Returns*, Princeton University Press, 2013
Ray Dalio, *Big Debt Crises*, Bridgewater, 2018
カーメン・M・ラインハート、ケネス・S・ロゴフ著、村井章子訳『国家は破綻する』日経BP、2011年
ハンス・ロスリング、オーラ・ロスリング、アンナ・ロスリング・ロンランド著、上杉周作・関美和訳『FACTFULNESS—10の思い込みを乗り越え、データを基に世界を正しく見る習慣』日経BP、2019年
アダム・スミス著、高哲男訳『国富論』講談社学術文庫、2020年
Scott Adams, *How to Fail at Almost Everything and Still Win Big:Kind of the Story of My Life*, Portfolio, 2014

バートン・マルキール著、井手正介訳『ウォール街のランダム・ウォーカー〈原著第12版〉―株式投資の不滅の真理』日経ＢＰ、２０１９年
ダニエル・カーネマン著、村井章子訳『ファスト＆スロー―あなたの意思はどのように決まるか？』ハヤカワ・ノンフィクション文庫、２０１４年
Peter Lynch. *One Up On Wall Street: How To Use What You Already Know To Make Money In*, Simon & Schuster, 2012
Angela L. Duckworth1, David Weir, Eli Tsukayama1 and David Kwok. "Who Does Well in Life? Conscientious Adults Excel in Both Objective and Subjective Success"
https://www.ncbi.nlm.nih.gov/pmc/articles/PMC5774615/
https://documentcloud.adobe.com/link/review?uri=urn:aaid:scds:US:81dea44e-7278-4edf-8895-33fbf7a90992

編集協力　早川　愛
図版作成　谷口正孝